品性: 미국 인성 교육

品:性 : 미국 인성 교육

지은이 | 안주영

펴낸이 | 원성삼

책임편집 | 이보영

펴낸곳 | 예영커뮤니케이션

초판 1쇄 발행 | 2016년 6월 15일

등록일 | 1992년 3월 1일 제2-1349호

주소 | 136-825 서울시 성북구 성북로6가길 31

전화 | 02.766-8931

팩스 | 02.766-8934

홈페이지 | www.jeyoung.com

ISBN 978-89-8350-945-1 (04670)

978-89-8350-944-4 (세트)

값 12,000원

이 도서의 국립중앙도서관 출판예정도서목록(CIP)은 서지정보유통지원시스템 홈페이지(http://seoji.nl.go.kr)와 국가자료공동목록시스템(http://www.nl.go.kr/kolisnet)에서 이용하실 수 있습니다. (CIP제어번호 : CIP2016011430)

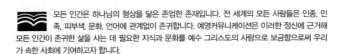

모든 인간은 하나님의 형상을 닮은 존엄한 존재입니다. 전 세계의 모든 사람들은 인종, 민족, 피부색, 문화, 언어에 관계없이 존귀합니다. 예영커뮤니케이션은 이러한 정신에 근거해 모든 인간이 존귀한 삶을 사는 데 필요한 지식과 문화를 예수 그리스도의 사랑으로 보급함으로써 우리가 속한 사회에 기여하고자 합니다.

왜, 무엇을, 어떻게 하는가?

品性 : 미국 인성 교육

Character Education

(사)한국품성교육협회
안주영 지음

"품성이
성공과 행복을
결정한다!"

유·초·중
교사와 학부모
지 침 서
지도자 편

예영커뮤니케이션

한국은 교육, 기술, 스포츠, 예술, 경제 등 거의 모든 영역에서 세계 최고의 수준에 와 있습니다. 지식과 기술은 학자와 전문인의 노력과 수고로 계속 축적되어 갑니다. 시간이 지날수록 지식과 기술은 점차 좋아질 수밖에 없습니다. 그러나 사람의 품성은 시간이 지난다고 해서 자연스럽게 축적되지 않습니다. 각자가 분명한 목적을 갖고 배우고 훈련하며 실천해야만 성장이 가능합니다.

우리나라의 지식 교육은 많은 발전을 했지만 인성 교육은 거의 후진국 수준에 머물러 있습니다. 오히려 지난 반세기 동안 많이 퇴보했다고 말하는 것이 정직한 고백일 것입니다. 오늘날 우리의 사회상과 특히 정치인들의 세계를 보면 반세기 전과 비교했을 때 전혀 나아진 것이 없습니다. 지식과 기술은 축적되어 우리는 더 좋은 옷과 더 좋은 자동차 그리고 집, 가구, 컴퓨터, 핸드폰을 소유하고 있고 세계 곳곳을 여행하며 살지만 품성은 그 물질 문명의 발전 속도를 전혀 따라가지 못합니다.

지난 몇십 년 동안 관심 있는 소수의 사람이 이 문제를 두고 고민을 많이 했습니다. 큰 변화는 없었으나 이 인성 교육 문제를 의식하기 시작했고 작은 노력이 우리 사회에 영향을 주면서 정부와 국회에서도 그 심각성을 절감하여 인성교육진흥법을 2015년 1월 20일에 제정했습니다. 그러나 법이 만들어졌다고 되는 일만은 아닙니다. 국민적 필요에 대한 인식이 넓어지면서 가정, 학교, 직장, 종교계 그리고 정부에서 정책적으로 프로그램을 만들어 한국인의 좋은 품성을 함께 계발해야 한다는 합의가 만들어져야 합니다.

그중에 안주영 박사의 노력이 한몫을 했습니다. 그는 미국에서 45년간 살면서 살벌해지는 미국 사회를 개선하고자 학계와 종교계에서 끊임없이 연구해 왔습니다. 그 노력의 일부분으로 한국에도 이를 도입하여 기업, 정부, 학교, 가정, 교회를 통해 전해 보려고 노력하였습니다. 안 박사는 품성 문제를 오랜 세월 가장 폭넓게 연구한 분일 것입니다. 안 박사의 마지막 노력을 총집결한 저서가 이번에 출간되는 『品性 : 미국 인성 교육』입니다. 지도자 편과 학습자 편으로 출간되어 학교나 가정, 기업과 정부기관 그리고 종교계에서도 구체적으로 인성 교육을 시도할 수 있게 되었습니다. 이 분야의 저서들이 최근에 소수 출판되어 왔지만 안 박사의 이번 저서는 제가 접해 본 책들 가운데 가장 포괄적이어서 인성 교육 전반에 걸친 해외 연구를 망라하고 있습니다. 이번 안 박사의 저서가 저에게 희망을 제시해 주고 우리나라의 미래에 좋은 영향을 줄 수 있으리라는 기대를 금할 수 없습니다. 인성을 의무교육화하기 위한 실용지침서가 우리 사회에 선한 영향을 끼치는 출발점이 될 것을 믿으며, 이 책을 추천합니다.

김상복

횃불트리니티대학원대학교 초대 및 4대 총장 역임
현 명예총장
할렐루야교회 원로목사

품성 계발과 교육에 반평생을 헌신해 오신 안주영 박사님의『品性 : 미국 인성 교육』이 발간됨을 기쁘게 생각합니다. 저자는 품성 계발이 사회의 기본인 것을 일찍이 간파하고 품성 계발 교육의 태두가 되고 선구자가 되셨습니다.

좋은 품성이 개인의 최고 경쟁력입니다.

좋은 품성이 건강한 조직을 만듭니다.

좋은 품성이 내면화될수록 건강한 사회가 되고 선진국이 됩니다.

품성 지수가 그 사회와 국가 수준을 결정하는 바로미터가 되기 때문입니다.

저는 좋은 품성이 성공과 행복의 열쇠이며 좋은 교육은 훌륭한 품성의 인격체를 배출하는 것이라 보고 품성 계발이 자녀들의 인성 교육에 최우선임을 강조한 저자의 의견에 공감합니다. 그래서 오늘날 교육의 추세는 상상력과 창의성 그리고 인성 계발이 중요한 방향이 되고 있는 것입니다.

문명지수가 높을수록 범죄지수가 높아집니다. 그것은 저자가 말한대로 품성이 결여된 교육은 지식 축적에 머무르기 때문입니다. 건강한 사회는 정직과 배려가 있고 자기통제가 되는 사회입니다.

이 책은 품성의 개념과 원리를 이야기할 뿐만 아니라 품성 교육에 대한 '왜?' '무엇을?' '어떻게?'Why? What? How to?를 구체적으로 제시하고 있습니다. 이 책을 통해 보편타당한 가치가 통하고 도덕적 덕목이 충만하여 갈등이 사라지며 더불어 사는 건강하고 아름다운 사회가 되기를 기대합니다. 이 책이 부부상담가, 청소년 상담교사, 상담 관련 종사자나 청소년 문제를 다루는 모든 분께 중요한 지침서가 될 것을 확신하며 강추합니다.

두상달

(사)한국기독실업인회 중앙회장
(사)가정문화원 이사장
(주)칠성산업 대표이사
(주)디케이 대표이사

멍청아, 문제는 품성이야!

베스트셀러 『정의란 무엇인가』의 저자 마이클 샌델 하버드대 교수, "21세기의 C.S.루이스"로 불리며 깊이 있는 기독교 저작물을 내놓고 있는 톰 라이트 영국 성공회 주교, 『하나님의 모략』의 저자 댈러스 윌라드 남가주대 교수, 이 3명의 지성에게 흐르는 공통 요소는 품성을 강조한다는 점이다.

최근 한국을 방문한 샌델 교수는 언론과의 인터뷰에서 품성의 중요성을 말했다. "교육을 많이 받으면 더 정의롭게 살 수 있는가. 아니면 교육보다는 인간의 품성이 더 중요하다고 보는가"라는 질문에 그는 주저없이 "품성"이라고 확답했다. 마치 "이 멍청아, 문제는 품성이야, 품성"이라고 말하는 듯하다. 과학과 기술에 대해 더 많이 안다고 정의감이 높아지는 것이 아니다. 철학과 예술, 역사, 인문학 등을 통해 품성이 높아졌을 때에 정의로운 삶을 살 가능성이 더 많아진다는 주장이다.

톰 라이트는 회심한 신자가 어떻게 사는 날 동안, 즉 회심 이후 천국에 들어가는 그 사이에 무엇을 통해 하나님의 형상을 드러내는 존재가 될 수 있을까에 대해 대답한다. 그의 대답은 샌델 교수와 같다. 바로 품성, 품성이다! 그는 이를 그리스도인의 미덕이라고 풀이했다.

그는 말한다. "당신이 믿은 뒤에 정말로 중요한 문제는 규율도 아니고 자발적인 자기 발전도 아니고 바로 품성이다." 성품이 개발될 때, 예배와 선교가 제2의 천성이 될 때, 자기를 십자가에 못 박는 "터닝Turning의 삶"을 살 수 있다는 것이다.

윌라드도 말한다. "오늘날 전 세계에는 그릇된 신화가 있습니다. 바로 제자가 되지 않고서도 신자일 수 있다는 신화입니다. 은혜를 받는다고 순종을 면제받는 것이 아닙니다. 은혜에 의해 올바른 순종이 시작될 수 있습니다."

우리 시대 최대 명제는 제자도를 회복하는 것으로 구원받은 이후 품성, 그리스도인의 미덕을 개발함으로써 제자도의 삶을 살 수 있다는 말이다.

돌아보니 품성을 개발하지 못한 신자로 인한 소란함이 도처에 있다. 명백한 회심, 확고한 내세관을 갖고 있어도 단련된 인격, 즉 그리스도인다운 품성이 결여될 때 문제는 반드시 발생한다. 사는 날 동안 하나님의 나라를 하늘에서처럼 땅에서도 출범시키는 역할을 감당하기 위해 필요한 것은 품성이다.[1]

이태형

국민북스 대표
기록문화연구소장
『더 있다』 저자
(전) 국민일보 미션라이프부장

---

1 한마당 칼럼, 《국민일보》, 2010년 8월 28일.

1장 | 미국 품성 교육의 역사적 배경

2장 | 품성이란 무엇인가?

목차 학습자 편

1장 | 품성은 인간 관계의 필수 덕목

2장 | 품성의 기본 자세와 보편 덕목

3장 │ 월별 품성 교육 주제

3월 품성 주제: 존중   *Respect*

존중의 정의와 나의 결심 | 존중에 관한 토론과 질문 | 황금률 | 위인 이야기 | 존중 실행하기 | 지역 봉사 아이디어 | 존중에 관한 글 읽기(숙제: 어머니가 만들어 준 모자

4월 품성 주제: 책임   *Responsibility*

책임의 정의와 나의 결심 | 책임에 관한 토론과 질문 | 책임 스토리 | 황금률 | 위인 이야기 | 책임 실행하기 | 지역 봉사 아이디어 | 책임에 관한 글 읽기(숙제: 성 조오지와 드레곤

5월 품성 주제: 자애심   *Compassion*

자애심의 정의와 나의 결심 | 자애심에 관한 토론과 질문 | 자애심 스토리 | 황금률 | 위대한 스토리 | 자애심 실행하기 | 지역 봉사 아이디어 | 자애심에 관한 글 읽기(숙제: 부자왕 크레이소스

6월 품성 주제: 믿음   *Faith*

믿음의 정의와 나의 결심 | 믿음에 관한 토론과 질문 | 믿음 스토리 | 황금률 | 위인 이야기 | 믿음 실행하기 | 지역 봉사 아이디어 | 믿음에 관한 글 읽기(숙제: 욥의 이야기

7월 품성 주제: 헌신   *Commitment*

헌신의 정의와 나의 결심 | 캐나다 거위 이야기 | 헌신에 관한 토론과 질문 | 헌신 스토리 | 황금률 | 위인 이야기 | 헌신 실행하기 | 지역 봉사 아이디어 | 헌신에 관한 글 읽기(숙제: 단 한 분뿐인 아빠

8월 품성 주제: 사랑   *Love*

사랑의 정의와 나의 결심 | 사랑에 관한 토론과 질문 | 사랑 이해하기 | 황금률 | 위인 이야기 | 사랑 실행하기 | 지역 봉사 아이디어 | 사랑에 관한 글 읽기(숙제: 전쟁터의 천사

9월 품성 주제: 지혜   *Wisdom*

지혜의 정의와 나의 결심 | 지혜에 관한 토론과 질문 | 솔로몬의 재판 | 황금률 | 위인 이야기 | 지혜 실행하기 | 지역 봉사 아이디어 | 지혜에 관한 글 읽기(숙제: 소년과 땅콩; 개구리와 우물

10월 품성 주제: 정직 *Honesty*

정직의 정의와 나의 결심 | 정직에 관한 토론과 질문 | 정직 이해하기 | 황금률 | 위인 이야기 | 정직 실행하기 | 지역 봉사 아이디어 | 정직에 관한 글 읽기(숙제): 정직한 나무꾼; 조지 워싱턴과 체리나무; 정직한 에이브

11월 품성 주제: 겸손 *Humility*

겸손의 정의와 나의 결심 | 겸손에 관한 토론과 질문 | 초대받지 않은 사람 | 황금률 | 위인 이야기 | 겸손 실행하기 | 지역 봉사 아이디어 | 겸손에 관한 글 읽기(숙제): 바닷가에서의 카뉴트 왕

12월 품성 주제: 인내 *Patience*

인내의 정의와 나의 결심 | 인내에 관한 토론과 질문 | 인내 스토리 | 황금률 | 위인 이야기 | 인내 실행하기 | 지역 봉사 아이디어 | 인내에 관한 글 읽기(숙제): 까마귀와 물주전자; 네델란드의 꼬마 영웅

1월 품성 주제: 용기 *Courage*

용기의 정의와 나의 결심 | 용기에 관한 토론과 질문 | 용기 스토리 | 황금률 | 위인 이야기 | 용기 실행하기 | 지역 봉사 아이디어 | 용기에 관한 글 읽기(숙제): 나는 꿈이 있다.

2월 품성 주제: 창의력 *Creativity*

창의력의 정의와 나의 결심 | 창의력에 관한 토론과 질문 | 황금률 | 위인 이야기 | 창의력 실행하기 | 지역 봉사 아이디어 | 창의력에 관한 글 읽기(숙제): 에디슨의 힘겨운 노력; 배를 만드는 로빈슨 크루소

"지성만으로는 충분하지 않다.
지성과 품성이야말로 참된 교육의 목표다."

_마틴 루터 킹

  "영국 식민지에서 해방된 인도에 필요한 것이 무엇이냐?"라는 신문
기자의 질문에 간디는 "경제 원조가 아니라 인격 건설이다."라고 대답
했다. 미국의 마틴 루터 킹 박사도 "사람을 피부색이나 인종으로 판단하
지 않고 품성으로 인정하는 날이 오기를 꿈꾼다."라고 했는데 버락 오바
마가 최초로 미국의 흑인 대통령이 되었다. 품성은 성취나 업적보다 중
요하다. 기술이 발달하고 정보가 범람하며 세상이 달라져도 개인, 가정,
사회와 기업, 국가의 성공을 이끄는 품성은 결코 변하지 않는다.

  2500여 년 전 소크라테스는 교육이란 "영리하고 선량한 사람smart and
good"이 되게 지식과 미덕을 가르치는 것이라고 정의했다. 플라톤, 아
리스토텔레스, 칸트, 듀이, 공자, 부처, 예수 등 위대한 사상가들은 품
성 교육을 강조했다. 그러나 우리나라의 교육은 지식 축적과 학업 성취

에 초점을 둔다. 한국을 방문한 루돌프 바츠^{Rudolf Batz} 독일 교장의 말이 떠오른다. "독일 교육이 경계한 것은 지식과 생각의 깊이가 함께 성장하지 못한 사람, 즉 인격을 갖추지 않은 엘리트를 키워서는 절대 안 된다는 것이다." 그는 한국의 교육 방법에 대해 "주입식 학습법은 정신의 발달을 무시하고 단순 암기만 추구하기 때문에 인격이 성숙되지 않은 이기적인 사람이나 명예욕만 강한 사람이 지도자가 될 가능성이 높다. 아주 불행한 일이다. 인성을 갖춘 사람이 성공해야 진정한 성공이다."라고 분석했다.

참된 교육은 좋은 품성의 기초 위에 세워져야 한다. 성적은 우수하지만 정직하지 못한 학생, 지식은 많으나 남을 배려하지 않는 이기적인 학생, 실력은 있으나 무책임한 학생을 학교가 사회에 배출한다면 장래에 위대한 사회를 기대할 수 없을 것이다. 모든 사람의 도덕적 품성이 다른 어떤 학업 기술보다 자신의 인생, 더 나아가 국가의 미래를 좌우한다. 그러므로 품성 계발은 특히 아이들의 인성 교육에 꼭 필요하다.

좋은 품성 가치를 계발하고 유지하는 법을 배우지 못한 아이들은 도덕적으로 훌륭하고 품격 있는 성인으로 자랄 수 없다. 아이들의 기본 가치 체계를 세워 주는 것이 중요한 이유다. 오늘날 아이들은 내일의 주인공이다. 지금 이 아이들에게 좋은 품성을 세워 주지 않으면 우리의 미래는 불확실하다.

이 책을 구입한 부모나 교사는 품성 계발 또는 품성 교육이라는 말을 이미 들어봤을 것이다. 필자가 품성 계발 교육을 한국에 처음 도입한 지

15여 년이 지나는 동안 학생들에게 경청, 순종, 감사, 책임, 정직, 충성, 존중 같은 기본 품성을 가르치는 트렌드가 유아 교육에서부터 공교육과 특히 대안학교로까지 확산되었다. 그동안 품성 교육에 관한 자료가 다소 출판되었으나 어떤 면에서는 하나의 유행처럼 되어갈 뿐 품성 교육에 대한 이해는 턱없이 부족하다. 특히 구체적인 실행 방안도 없이 실시하면 품성 교육이 무용지물이 되는 결과를 초래할 위험이 있다.

지금까지의 자료는 '품성 계발이 무엇이며 왜 해야 하는가' 등 가치관의 이해보다는 프로그램 중심 자료에 초점을 두었다. 프로그램 중심 자료로 품성 교육을 시도해 본 사람들은 적용하기 힘들었다고 호소하는 경우가 많았다. 물론 프로그램 중심의 품성 교육도 잘하면 나름대로 효과를 기대할 수 있으나 가르치는 사람이 품성 교육의 철학과 개념, 원리에 대한 신념이 없으면 쉽게 탈진하고 포기하기가 쉽다. 한편 품성 교육을 처음 시도하려는 지도자들은 '어떻게 실행하느냐?'에 초점을 두고 있음을 현장에서 깨달았다. 그러므로 이 책은 품성 교육의 개념과 원리를 이해시키는 동시에 '왜' '무엇을' '어떻게'라는 세 가지 질문에 답하는 실용 핸드북으로 준비해야 한다는 책임감으로 오랜 시간 고민하다가 15년이 걸려서야 내놓게 되었다.

불행 중 다행인 점은 2014년 세월호 참사와 각종 부정부패, 비리를 겪으면서 인성 교육을 강화해야 한다는 국민 여론에 따라 국회에서 2015년 1월 20일 '인성교육진흥법'을 공포한 것이다. 미국의 품성 교육 character education처럼 정부 정책으로 채택하고 예산을 편성하여 7월부터 유치원과 초중등학교의 학생과 교사를 대상으로 인성 교육을 의무적으로 시행하도록 했다.

품성 계발을 위한 인성 교육을 처음 시작하려는 교사나 학부모는 '왜' '무엇을' '어떻게' 시작해야 할지 막막하여 압박감을 받을 것이다. 이 책은 품성 교육을 기획하고 효과적으로 실행하는 틀과 전략을 제공할 것이다. 물론 저자는 이 책이 품성 교육에 관한 모든 문제를 해결해 준다고 장담하지도 않으며, 품성 교육을 실행하는 방법이 오직 한 가지밖에 없다고 생각하지도 않는다. 다만 이 책의 기본틀을 따르면 개인과 가정, 학교뿐만 아니라 기업체를 포함한 사회 곳곳에서 필요할 때 효과적으로 실행할 수 있다고 확신한다.

어떤 책이든 혼자서 집필할 수는 없다. 사실 플라톤 이후의 모든 글은 다른 사람의 글을 참고하고 인용하여 썼다. 필자 역시 품성 교육 전문가들의 자료를 연구했다. 특히 미국 품성 교육의 권위자인 뉴욕주립대학교 품성교육연구소 토마스 리코나Thomas Lickona 교수, 보스턴대학교 교육대학원의 케빈 라이언Kevin Ryan 교수를 중심으로, 평가 부분에서는 샌디에이고대학교 국제품성교육센터 에드워드 디로치 교수의 품성 이론과 원리 등의 자료에서 통찰력을 얻고 유익한 정보를 참고하거나 필요에 따라 편역도 했다. 또한 필자가 지난 15년간 한국에서 품성 계발 운동을 할 수 있게 함께 헌신해 준 수많은 자원 봉사 스태프, 강사, 운영위원을 비롯해 그동안 강의에 참가해 준 모든 분의 열정과 환대를 기억하며 감사를 전한다.

이 책을 미국의 품성 교육을 중심으로 서술한 것은 필자가 45년간의 미국생활에서 배운 효과적인 미국식 인성 교육인 품성 계발을 한국에 소개하고 싶었기 때문이다. 사용자의 편의를 위해 실용지침서로 만들었으나 부족한 부분은 독자 여러분의 지혜와 총명을 발휘하여 활용하면 더 유익할 것이다.

끝으로 본서의 출간을 위하여 열정을 보여 주신 예영커뮤니케이션의 원성삼 대표님과 직원 분들에게 진심으로 감사드리며, 항상 뒤에서 격려해 준 아내와 세 아들에게도 고마운 마음을 전한다.

2016년 3월

시카고 근교 디어 파크에서

안주영

한국품성계발원 CDI-Korea 대표
(사)한국품성교육협회 KACE 회장

지도자 편 지침

　　우리 사회, 특히 학교마다 '인성 교육'을 내세워 왔지만 분명한 설명과 실천이 부족한 원인이 무엇일까? 동양에는 인성 교육이라는 개념이 없었기에 인격, 성품, 인성, 품성 같은 용어를 서양 문화권에서 가져와 모호하게 이해하고 사용했기 때문이다. 서구 개념인 인성은 사람의 '본성 human nature'을 좋은 성품과 나쁜 성품으로 구분한다. 사람의 본성은 가르침 이전의 성품을 말한다. 나쁜 성품을 좋은 성품으로 가꾸어 나가는 것이 '품성 계발character development'이다.

　　제1장은 인성 교육을 시작하려는 지도자가 첫발을 내딛는 단계다. 도덕적 위기를 맞은 미국이 품성 계발을 통한 인성 또는 인격 교육을 중요시한 역사적인 배경을 설명한다. 20세기 말 최대의 도전인 인성 문제를 해결하려고 미국이 품성 교육 패러다임으로 전환하여 이끌어 나간 과정은 인성 교육에 대한 신념을 확실하게 심어 줄 것이다.

　　제2장에서는 개념 파악을 통해 각 낱말의 차이점과 어원 연구, 서양

의 고대 사상, 동양 사상에 나타난 인성과 인격의 이해 그리고 서구의 종교 교육에서 유래한 품성 계발의 본질적인 의미를 파악할 것이다. 품성 교육의 권위자 케빈 라이언Kevin Ryan 교수는 "좋은 품성이란 선한 것을 알고knowing good, 선한 것을 사랑하며loving good, 선한 것을 실행doing good하는 것"이라고 정의하며, 우리의 좋은 습관과 미덕을 보여 주는 도덕의 집합체라고 설명한다.

제3장은 이 책의 목적인 품성 계발에 관해 '왜?' '무엇을?' '어떻게?'라는 질문에 부모와 교사의 책임을 제시하면서 인생의 목적을 깨우치는 미덕이 아닌 지식과 기술 중심의 교육은 무의미함을 증명해 보인다. 품성 계발은 선택이 아니라 필수라고 주장하며, 교과 과정에 융합한 미국 최우수 학교들은 품성 독서 또한 중요하게 생각한다고 강조한다.

제4장은 품성 교육의 이론과 기본덕목의 이해를 위해 미국의 품성 교육을 주도하는 Character Counts!의 '품성 6대 기둥'의 개요와 함께 품성 교육의 철학과 이론, 미국 품성 교육의 권위자인 토마스 리코나 교수의 '10가지 주요 미덕'을 소개한다.

제5장은 인성교육진흥법 실행에 따라 학교 품성 교육 책임자인 위원장이 준비할 사항을 단계별로 제시한다. 위원장은 물론 품성지도 교사의 모범이 품성 교육의 열쇠가 된다는 점을 강조하는 한편 효과적인 위원회 구성, 위원의 선발 요령과 함께 위원회 운영 면에서 리더십의 역할과 능력을 최대화하는 방법, 회의 진행 방법 등을 세부적으로 소개한다.

실행 면에서는 리코나 교수와 그의 연구팀이 제안한 '효과적인 품성 교육의 11가지 원리'를 소개했다. 품성 교육의 원리를 인지함으로써 다음 6장의 품성 교육 실행 평가에서도 이 원리에 따른 측정을 활용할 수 있다.

제6장은 품성 교육 실행 평가인데 매우 중요한 가치가 있다. 보통은 프로그램을 실행한 후에 평가하지만 그 효과를 측정하려면 품성 교육을 시행하기 전에 조사해야 그 효과를 비교할 수 있다. 여기서 소개한 평가 자료는 미국과 한국의 문화, 교육, 제도 간에 차이가 있지만 전문가들이 연구 및 개발하여 평가를 위한 기획과 실시의 적용성을 검증했으므로 대단히 유용할 것이다. 특히 종합 평가는 '효과적인 품성 교육의 11가지 원리'에 의한 평가 방법이므로 이 지침을 활용할 필요가 있다. 여러 가지 평가 항목 중에서 각 학교의 환경과 필요에 따라 선택할 수 있다. 다만 평가 설문을 그냥 복사하면 품성 교육 그 자체의 품격을 떨어뜨릴 수 있으므로 별도로 사용 허락을 받기를 바란다.

학습자 편 지침

　품성의 가치를 가르치는 일이 쉽지 않다고 생각하겠지만 일단 시작해 보면 아이들의 행동에 놀라운 변화가 일어날 것이다. 특히 교사나 부모의 스케줄이 바쁜 현실을 고려하여 지도자가 품성 교육을 단계별로 집중하여 가르칠 수 있도록 기획했다.

　학습자 편에는 학부모에게 보내는 품성 교육 실행에 대한 편지 예문을 실었다. 학교에서 아무리 잘 가르쳐도 가정에서 가족이 뒷받침해 주고 동참하지 않으면 효과가 없다. 그리고 1년간의 주제 품성과 보조 덕목을 월별로 제안했다. 물론 월별 주제는 교사가 우선순위를 정해도 되지만 이 책의 순서를 따르면 혼돈을 피할 수 있다. 한 달에 한 가지 품성 주제만 집중하는 것이 효과적이다.

　실제 적용에서는 먼저 품성 생활을 위한 기본 자세인 경청, 순종, 감사를 설명하고 품성 칭찬의 실제 사례를 소개했다. 품성 계발은 품성 칭찬이 열쇠이므로 지도자가 적용해야 교육 효과를 기대할 수 있다. 품성 칭찬에 활용할 만한 덕목과 정의를 부록에 포함했다.

교육 내용은 가장 보편적인 12가지 품성 덕목의 정의와 실천을 위한 행동 강령인 '나의 결심'을 제시했다. 각 주제당 4주간으로 구성한 학습 진행 중에서 교육 시간에 따라 지도 교사가 탄력성 있게 선택해도 된다. 같은 주제의 다양한 미덕 이야기를 비롯해 토론을 위한 질문, 실천 사항, 봉사 아이디어, 품성 독서 훈련을 위한 짧은 글 등은 학습자의 수준에 적합한 내용만 지정해 주어야 한다. 지도 교사와 학습자의 편의를 위해 4주간의 구체적 일정을 12개 주제의 첫부분마다 반복했다.

각 주제 품성을 시작하기 전에 세 가지 기본 품성인 경청, 순종, 감사를 오리엔테이션으로 한 달 동안 훈련시킨 후에 적절한 기회마다 복습하면 된다. 일반 과목 수업 중에도 교사와 학생들은 이 세 가지 기본 품성을 실제로 적용해야 한다. 1년 주기로 3월 신학기에 시작하여 다음해 2월에 끝나도록 구성했지만 학급의 필요에 따라 그달의 주제 품성을 바꿔도 상관없다. 8월과 1, 2월 방학 때는 가정에서 부모가 지도하면 된다. 각 주제 품성은 품성의 정의와 정의를 이해하는 데 도움이 되도록 반대어를 제시했다. 특히 역사의 위인뿐만 아니라 우리 시대에 품성의 모범을 보인 사례는 학습자에게 감동과 동기 유발을 일으켜 선행하려는 꿈을 갖도록 이끌 것이다.

마지막 부록은 암기와 실행에 편리하게 활용할 수 있도록 15가지 기본 '품성 덕목의 정의'와 '나의 결심', '30가지 부수 덕목'을 재정리하고 요약했다. 그 밖에 적용할 만한 자료도 포함했다.

1장

미국 품성 교육의
역사적 배경

품 성 이 성 공 과 행 복 을 결 정 한 다 !

"교육이라고 부를 만한 것은 기본으로 품성 교육이다."
_마틴 부버

1. 인성이 없는 교육은 사회에 악을 전염시킨다

1831년 프랑스의 정치철학자인 알렉스 토크빌Alex de Tocqueville은 미국 전역을 여행하면서 그곳에서 다양한 사람을 만났으며 다른 나라보다 앞선 발전과 번영을 보았다. 그리고 1835년 고전이 된 저서 『미국의 민주주의』Democracy in America에서 "미국이 위대한 이유는 미국이 선량good하기 때문이다. 선량한 미국이 멈춘다면 미국의 위대함도 멈출 것이다." 라고 말했다.

하지만 지금 미국 청소년들은 마약과 혼전임신을 하고 살인하며 남의 물건을 도둑질하고 있다. 기업과 정부기관이 윤리를 벗어난 행동을 일삼는 가운데 도시 곳곳에서 범죄와 폭력이 난무한다. 토크빌이 말한 위대한 미국을 이끌어 온 선량함을 파괴하는 품성의 위기가 미국 전역을 위협하고 있는 것이다. 문제는 미국이 당면한 품성의 위기가 남의 이야기가 아니라 21세기를 맞은 대한민국의 현실이라는 점이다.

케이팝K-Pop을 중심으로 한류 문화를 자랑하는 한국은 지난 반세기 동안 놀라운 발전을 거듭하여 개발도상국의 부러움을 사고 있다. 그리고 경제, 교육, 과학, 문화, 스포츠, 종교 등 많은 분야에서 눈부신 발전을 이루었다. 세계경제포럼WEF이 발표한 2014년 1인당 국내총생산GDP이 2

만 8,000달러로 세계 25위다. 이 밖에 인터넷 속도 1위, 반도체 1위, 국제올림픽 4위, 월드컵 4위, 미국 유학생 수 2위, 경제협력개발기구OECD 43개국 중 고등학생 과학경연대회 1위, 수학경시대회 11위2012, 세계선교 활동 2위 등 전 세계에서 위상을 드러내고 있다.

이에 반해 지난 반세기 동안 전혀 발전하지 못하고 오히려 퇴보한 것은 한국인의 인성이다. 옛날보다 교육도 많이 받고 돈도 훨씬 많이 버는데 사람의 품격이나 인격은 후퇴해 버렸다. 이러한 사실은 날마다 언론을 통해 드러난다. 전국 단체장들의 사법 처리 비율이 30퍼센트에 이르고 정치인, 고위 공직자, 기업인, 교육자, 성직자 등의 성범죄가 날로 급증하여 2007년 1만 3,634건에서 2012년 말에는 2만 1,346건대검찰청 2013년 통계자료에 이르렀다. 성 범죄율은 OECD 국가 중 1위이며 범죄율은 일본의 두 배다.

2011년의 경우 1일 평균 43명이 목숨을 끊어 자살률이 세계 2위2000-2012년까지 100퍼센트 증가, OECD 국가 가운데 1위다. 34분마다 한 명꼴로 목숨을 끊은 셈이니 '자살왕국'이라는 오명을 얻을 만하다. 2000년 10만 명당 13.8명에서 2012년에는 28.9명으로 늘어났다. 2014년 9월 5일 WHO 발표 통계청 자료에 따르면 2010년 연간 자살 사망자는 1만 5,566명이나 된다. 자살률은 10만 명당 31.2명에 이른다. 그리고 2013년 총 자살자는 1만 4,427명으로 10만 명당 28.5명이다.

1년에 200만 명이 임신하여 150만 명이 낙태했고, 2011년 4월 19일 통계청이 발표한 "2010년 혼인·이혼 통계"에 따르면 이혼은 1993년 5

만 8,000건에서 11만 6,900건으로 늘어나 일본을 능가한 지 오래다. OEDC 국가 중 미국 다음이다. 국민 여덟 명 중 한 명이 알코올, 마약, 담배, 도박, 인터넷, 스마트폰 중독인데 세계 평균의 두 배라고 한다. 성매매는 인구 대비 세계 1위, 음란 사이트는 세계 2위다. 국가 경쟁력은 2011년 11위에서 2015년에는 26위로 떨어졌다.

세계경제포럼WEF의 국가경쟁력 평가에서 금융과 노동 부문의 평가가 가장 낮게 나온 것으로 알려졌지만, 사실은 관료 부문 경쟁력의 하락폭과 수준이 가장 심각한 것으로 나타났다. 30일 WEF가 발표한 '2015−2016년 국가경쟁력 순위 평가'에 따르면 한국은 조사 대상 140개 나라 가운데 26위에 올랐다.

2015년 10월 2일 《국민일보》 사설

우리의 경쟁력을 좀먹는 것은 각종 사회적 갈등에 있다는 지적이 나왔다. 한국은 이미 갈등대국일 뿐 아니라 노정된 갈등들을 해결할 능력도 매우 낮아 갈등 구도가 구조화, 장기화되면서 국가의 활력을 떨어뜨리고 경쟁력을 훼손하고 있다는 것이다. 한국개발연구원 · 삼성경제연구소 · 서울대경제연구소가 지난 28일 공동으로 주최한 '한국형 시장 경제 체제의 모색' 세미나에서 김선빈 삼성경제연구소 수석연구원은 민족 · 종교 간 갈등 문제를 빼면 한국의 갈등 수준은 경제협력개발기구OECD 30개 회원국 중 세 번째로 높다고 분석했다. 반면 갈등 해결 및 관리 능력은 27위를 기록했다고 밝혔다.

2013년 3월 1일 《국민일보》 사설

2015년 3월 24일 연합뉴스에 따르면, 한국보건사회연구원의 《보건복지 포럼》 3월호에서 발표한 '사회갈등지수 국제 비교 및 경제 성장에 미치는 영향'정영호 보사연 연구위원 · 고숙자 보사연 부연구위원을 보면, 2011년을 기준으로 한국의 '사회갈등관리지수'는 OECD 34개국 중 27위일본 18위, 미국 20위를 차지했다.

같은 문제를 안고 있는 미국의 지도자들은 무엇을 해야 할지 이미 깨닫고 가정, 학교, 기업, 정부 등 모두가 힘을 모아 미국의 전통 가치로 돌아가야 한다고 주장한 지 오래다.Ryan and Bohlin,1999 건국 초기 미국은 초등학교부터 대학교까지의 교육 시스템에서 지식을 전달하는 것만큼 품성 교육을 중요하게 여겼다. 그런데 18세기 인간의 지성과 이성을 앞세운 유럽 계몽주의 영향을 받은 인본주의 교육 때문에 정규 품성 교육이 20세기 처음 30, 40년 동안 공교육에서 사라졌다. 사실 전 국민을 교육하는 공교육은 한 국가의 품격을 재건하는 데 있어 가장 잠재적인 면에서 효과를 보는 분야이기도 하다.

2014년 4월 6일에 일어난 세월호 참사의 시작은 선장이었다. 한 사람의 그릇된 인격이 엄청난 국가 재난과 갈등을 부른 사례다. 또한 2015년 5월 전국을 휩쓴 메르스 사태도 시작은 중동 지역을 방문하고 귀국한 메르스 환자였다. 한 명의 부주의가 메르스가 시작된 사우디아라비아 다음으로 많은 메르스 환자와 사망자를 내어, 온 국민을 전염병 공포에 떨게 했다.

메르스 확산의 1차 원인이 초기 대응을 제대로 하지 못한 정부당국의 안일한 처사인 건 분명하지만, 확진을 받고도 기본을 지키지 않고 타인에게 전염되는 것을 배려하지 않은 무책임한 시민 의식을 짚지 않을 수 없다. 자가격리자가 멋대로 골프를 치러 다니고, 메르스 확진을 받고도 해외에 나가며, 메르스 감염 병원에 들린 사실을 숨긴 채 대중교통을 이용해 다른 병원을 찾아다니니 동선을 추적하여 예방하는 것 자체가 불가능하다. 의사나 구청 공무원과 경찰관도 예외가 아니었다. 이런 식으로 환자 한 명이 수십 명에서 300명, 700명과 접촉하다 보니 메르스 발병 한 달 새 3차 감염자까지 확산되었고 사망자 38명, 확진자 186명에 격리자는 한때 6,000명이 넘었다. 한편 치료에 혼신을 다하는 의료진의 자녀들은 학교에서 괴롭힘을 당하는가 하면 SNS를 타고 퍼지는 메르스 유언비어는 국민들에게 혼란을 주기도 했다. 한마디로 우리의 시민 의식과 품성은 심각한 수준이며 선진국이 되기에는 아직 역부족이다.

미국의 경우 2014년 두 명의 메르스 환자가 발생하자 절차와 원칙을 지켜 2차 감염을 막고 완치시켰다. 인구가 한국보다 훨씬 많은 3억 3,000명인데도 불안이나 공포 없이 재빨리 해결된 것은 우수한 전염병 관리 제도나 의료 기술 때문만은 아니다. 정부 관계자들과 국민 각자의 인격이 동반되어서 건강한 민주 국가로 나아가게 된 것이다. 제도와 치료도 사람이 하는 일이기 때문에 사람의 품성이 먼저다.

우리 사회에서 나타난 경제위기, 금융위기, 외환위기, 저축은행 사태, 검찰 비리, 방산 비리 등 모든 사태나 위기의 원인은 인간의 탐욕과 기만에서 오는 품성의 결여 때문이다. 그런데도 정치가마다 경제 개혁, 정치 개혁, 교육 개혁, 부정부패 척결 등 개혁만 외쳤지 개혁을 추진하는 사람을 개혁하겠다는 정책은 보기 드물다.

이런 맥락으로 남북 관계의 불확실한 미래를 생각할 때, 통일에 앞서 가장 먼저 준비해야 할 것은 경제 성장 이상으로 국민적 정신문화와 국가의 도덕성을 회복하는 일이다. 행여나 북한 정권이 붕괴되어 흡수통일이 될 경우 우리의 부패한 품성으로 북한의 국민을 바르게 끌어안을 수 있을지 의문이다. 칸트 철학의 계승자인 피히테Johann Gottlieb Fichte는 "독일 국민에게 고함"이라는 강연에서 "독일 국민의 흥망은 자기희생의 도덕성 회복에 달려 있다."라고 갈파했다. 독일이 제2차 세계대전의 패망에서 완전히 회복한 것도, 동서독 통일 이후 빠르게 안정을 되찾은 것도, 최근 EU 국가들이 경제적 사회적 어려움을 겪는 중에 가장 건강한 국가로 부상한 것도 그 밑거름은 전 국민의 높은 도덕적 품성이다.

2. 품성 계발을 통한 패러다임 전환

어린이나 청소년은 미래의 지도자이며, 시민이다. 학교에서 높은 품성을 가르치면 품격 높은 국가가 된다. 또한 학교에서 품성 교육을 하면

말씨나 행동거지가 좋아질 뿐 아니라 학업 성적이 향상된다. 교사가 평소 훈육하는 데 많은 시간을 허비한다면 효과적인 배움이 일어나지 않는다. 그러나 도덕을 중시하고 배려하는 학교 공동체를 만든다면 교사는 더 잘 가르치고, 학생들은 자신감이 생겨서 더 열심히 공부할 것이다. 품성 교육이 어린이집과 유치원에서 대학에 이르는 정규 교육의 패러다임으로 변화되어야 하는 이유다.

20세기 말 가장 긍정적인 미국의 변화는 스티븐 코비Stephen R. Covey가 『성공하는 사람들의 7가지 습관』The Seven Habits of Highly Effective People, 1989을 통해 "개성의 윤리personality ethics"에서 "품성의 윤리character ethics"로 패러다임의 전환을 부르짖은 사실이다. 단순히 긍정적인 태도가 아니라 더 안정되고 참을성이 강한 개인의 자질과 덕목을 추구하자는 것이다. 카네기Andrew Carnegie의 『카네기 인간관계론: 친구를 얻고 사람에게 영향을 끼치는 방법』How to win friends and influence people, 2009에서 주장하는 가치는 외적인 행동과 사회성 기술에 중점을 둔 것으로 대중 심리학을 지배해 왔다. 물론 지금도 중요한 가치로 존재하지만 코비를 비롯한 많은 사람이 이제 서서히 바꾸어 나가야 한다고 말한다. 좀 더 깊이 있고 인간다운 가치로 돌아가려는 데 초점이 모아지는 것이다. 이는 가치 있는 삶을 지향하는 품성의 구심점이다. Ryan & Bohlin, 1999

2.1. 극소수 교사들의 품성 운동이 국가 정책으로

미국은 1980년대 말부터 1990년 초에 품성 교육이 부활하여 교육 현장에 등장했다. 1998년까지 백악관과 미국 의회가 품성 교육에 관한 컨퍼런스를 여섯 차례나 열었다. 학교가 이 사명을 다시 실현할 수 있도록 호소하는 노력과 함께 전국에 방영된 대통령 연두교서에서 품성 교육 character education 우선 정책을 강조했다. 학생들의 낮은 점수 때문에 심한 비판을 받아온 교육자들이 이제 학생들의 도덕성 실패에 대한 비난까지 받자 '무언가 해야 한다'는 자극을 받은 것이다.

미국에는 품성의 가치를 연구하고 프로그램을 개발하여 자료를 출판하는 연구 기관과 품성 교육을 실행하는 학교, 사회 단체, 기업과 정부 기관이 수없이 많다. 품성 교육을 이미 실시하고 있거나 시행하려는 전문인으로서 품성 계발의 역사와 뿌리를 아는 것이 필요하다고 생각한다. 많은 기관 중에서 미국 품성 교육 복고 운동을 선도하고 지금까지도 활발하게 영향력을 발휘하는 Character Education Partnership, Character Counts of JEI, Character First!와 한국에 최초로 품성 교육을 도입한 한국품성계발원CDI-Korea 등의 품성 기관을 간략히 소개하고자 한다.

2.2. 대표적인 품성 교육 기관

Character Education Partnership, CEP

1992년 3월 다이앤 베레스Diane Berreth와 스티브 보이드Steve Boyd가 주도하여 "유치원에서 고등학교에 이르기까지 효과적인 품성 교육을 어떻게 실시할 수 있나?"에 대한 주제로 미국 위스콘신 주 레이신 시에서 컨퍼런스를 개최했다. 컨퍼런스의 목적은 전국 교육연합단체 지도자들이 품성 교육에 더 큰 관심을 갖고 우선순위를 세우도록 격려하는 데 있었다. 실제로 이 모임을 통해 공교육에서 품성 교육의 필요성과 그 혜택을 홍보하고, 가장 효과적인 품성 교육 프로그램에 관한 정보를 교환하며, 학교와 지역 사회가 새로운 품성 교육을 실행하도록 협력하기 위해 전국 연합체를 조직하는 데 합의하였다. 이로써 1993년 2월 5일 당파와 종파를 뛰어넘는 비영리 사단법인 Character Education Partnership지금은 character.org이 설립됐다.

1994년 7월 CEP 이사회는 토마스 리코나Thomas Lickona 교수와 에릭 챕스Eric Schaps 박사, 캐서린 루이스Catherine Lewis 박사가 공동으로 기안한 "효과적인 품성 교육의 11가지 원리Eleven Principles of Effective Character Education"에 입각하여 품성 교육 프로그램과 지도자 훈련 과정 및 시행지침서를 기초 품성 교육 정책으로 채택했다. 이에 따라 연구, 지도자 훈련, 세미나를 실시하고 산하에 전국품성학교연합을 조직하여 미국 전역의 학교와 지역 사회, 기업을 대상으로 품성 교육 운동을 성공리에 전개해 오고 있다. 출처: CEP 2005 Annual Report[1]

Character Counts! of Josephson Institute of Ethics, JIE윤리연구원

1987년 마이클 조셉슨Michael Josephson 박사가 조셉슨윤리연구원JIE을 창립한 후에 옳고 그른 것을 구별하며 좋은 품성의 요소를 정의하는 영

---

[1] 저자 안주영 박사는 CEP의 품성 교육을 위해 학문적 틀을 제공한 토마스 리코나 교수가 주관하는 뉴욕대학교 품성 하계 연수 과정을 수료했다.

| CC! 품성연합회 회원증 | 강사수료증

원한 도덕 진리가 있다는 것을 믿는 신념에 기초하여 공통된 핵심 윤리 가치를 정립했다. 역사상 품성 교육을 위해 일관되고 종합적인 접근을 하는 데 가장 큰 장애물은 좋은 품성에 필요한 가치관에 대한 본질적인 합의가 없었다는 잘못된 가정이었다.

1990년대 초까지 대부분 학교와 청소년 단체는 다른 방법을 선호하는 사람들에게 공격받는 것이 두려워서 구체적인 가치를 세우려 하지 않았다. 품성 교육을 반대하는 사람들은 '누구의 가치에 기준을 두는가?'라고 질문하였다. 이로 인해 필연처럼 정치 이슈가 되고 보수와 진보, 종교인과 비종교인 사이에서 어떤 가치를 가르쳐야 하는가의 문제가 대립된다는 잘못된 가정assumption이 더욱 심화되었다.

애스펜 선언Aspen Declaration: 품성 교육을 위한 틀

1992년 JIE윤리연구원이 미국식 인성 교육인 품성 교육의 틀을 만들기 위해 전국에서 청소년 기관과 교육 기관을 대표하는 전국 최우수 품

성 교육 전문가 30명을 초청하여 콜로라도 주 애스펜 시에서 3일간 컨퍼런스를 개최했다. 이 역사적 출발의 결과, 애스펜 선언을 채택하고 품성 교육의 본질, 내용, 중요성에 대한 8개 원칙과 품성 덕목을 정의하는 6가지 핵심 윤리 가치인 '품성 6대 기둥The six pillars of character'을 평범한 언어로 천명했다. 진보주의자와 보수주의자 사이의 간격을 좁힌 '품성 6대 기둥'은 품성이 좋은 사람의 가치나 특성 등의 덕목이 반드시 필요하다는 공동의 확신을 간략히 표시했다. 종교에서도 공통의 가치를 표방했다. '품성 6대 기둥'은 다양한 정치 신념과 종교 신념을 수용한 만큼 품성 교육자들은 그들의 노력이 지역 사회에서 지지를 받을 거라는 확신 아래 품성을 효과적으로 개발할 수 있었다.

'품성 6대 기둥'의 틀을 광범위하게 채택하여 전국 표준이 된 이유는 다양한 구성원들이 쉽게 협력하고 젊은 세대와 부모, 품성 교사들이 이해하기 쉬운 보통 언어로 구성하며 품성 교육 프로그램을 지원하도록 자료와 자원 개발을 쉽게 촉진했기 때문이다.

CC!연합회 발족

1993년 10월 애스펜 선언의 원칙을 품성 계발 전략으로 추진하기 위해 27개 전국 기관과 단체가 CC!연합회를 창립했다. 공동의 목소리에 기초한 품성 교육 협동 모델의 강점이 CC!연합회의 다양한 기관을 통해 나타났다. 현재 500여 개 이상의 학교나 기관이 회원으로 가입되어 있다. CC!연합회는 연방정부 인가 비영리 사단법인 면세 기관인 JIE가 창

립하고 관장한다. 출처: Character Count! CDS 강사 훈련 교재 [2]

Character Training Institute

미국 오크라호마 시에 자리한 킴레이[Kimray] 석유 유추 장비 제작 회사는 1991년 당시 생산성 저하, 불법 약물 사용, 직원들의 사기 저하, 품질 저하, 높은 상해 보험비, 높은 결근율, 회사에 대한 충성심 결여, 직원들의 절도 및 회사에 대한 불만 등의 수많은 문제에 직면했다. 회사 측에서는 이러한 문제를 해결하기 위해 다양한 프로그램을 시도했다. 효과를 본 프로그램도 있었지만 대개는 그때뿐이었다. 사장과 임원들은 회사가 당면한 문제들이 직원들의 품성과 관련되어 있다는 것을 깨닫고 개인의 품성이 중요함을 강조하기 시작했다.

1992년 토머스 힐 사장은 직원마다 잠재력을 발휘할 수 있도록 Character First!라는 품성 프로그램을 개발했다. 그리고 직원 채용, 직원의 품성 인증 제도, 직원 월례 모임 등을 품성 원리에 입각하여 구조조정한 결과, 회사의 품성 훈련이 또 다른 프로그램이 아니라 모든 직원의 생활 형태로 바뀌어 나갔다.

회사는 매달 월례 모임에서 품성 회보를 자체 발간하여 49가지 품성 자질에 관한 정의와 실천을 현장에서 실시했다. 이 모임에서 관리자는

---

2 CC!연합회 회원으로 가입한 한국품성계발원CDI-Korea은 미연방 정부의 인가를 받은 비영리 사단법인 면세 기관으로 1992년에 등록된 Master Life Mission의 한국 프로젝트다. 필자 안주영 박사는 2007년 CC!품성계발강사 과정을 수료하여 강사 자격증을 받았으며, 2011년 CC!의 품성 자료를 부분 번역하는 허가를 받아 한국에 소개하고 있다.

직원들에게 작업 성과나 근무 성적보다는 그들의 품성을 칭찬하고 인정했다. 또한 회사는 관리자들에게 직원들이 일상생활과 근무 중에 좋은 품성을 보이면 인정하고 더욱 계발해 내는 방법을 정기적으로 가르쳤다.

그 결과 2년도 채 안 되어 직원들의 상해보상비가 80퍼센트 감소했고, 판매 시장이 전반적으로 저하된 시기였지만 회사 이익은 25퍼센트나 증가했다. 지금도 킴레이는 품성을 중요한 정책으로 내세워 좋은 품질을 유지하며 직원들의 높은 만족과 충성심을 기반으로 성장해 나가고 있다.

킴레이의 성공 사례를 접한 많은 회사에서 품성 계발에 대한 관심과 정보는 물론 실행 방법에 대한 자료를 요청하자 1993년 Character First! 자료 및 훈련 세미나를 제공하기 위해 품성훈련원CTI을 설립했다. 오크라호마 시 교육청에서도 자료를 요청해 오자 초등학교와 중고등학교를 대상으로 품성 교육 커리큘럼을 개발하여 미 전역의 학교에 보급하고 세계 여러 나라에 확산했다. 1998년부터는 미 전역과 세계 20여 나라에 보급하고 품성도시연합회IACC를 결성하여 기업인, 교육자, 공무원, 종교인, 지역 사회 및 비영리 NGO 단체를 대상으로 훈련했다. 2012년 CTI는 2009년에 설립된 리더십 컨설팅 회사인 STRATA LEADERSHIP, LLC에 흡수합병되었다. 출처: CTI 소개서 [3]

---

3 저자는 1995년부터 CTI 본부에서 5년에 걸쳐 80여 시간의 훈련과 현장체험 과정을 수료하고 강사자격증을 획득했다. 1997년에는 CTI의 토머스 힐 회장을 비롯해 임원과 품성 교육 전문가들을 한국에 수차례 초청하고, CTI의 허락을 받아 품성 교육 자

한국품성계발원CDI-Korea과 한국품성교육협회KACE

"생각이 변하면 행동이 변하고, 행동이 변하면 습관이 변하고, 습관이 변하면 품성이 변하고, 품성이 변하면 운명이 변한다."

_새무얼 스마일스

미국의 인성 및 품성 분야 전문 연구 기관인 품성훈련원과 Character Counts! 품성 교육을 주관하는 조셉슨윤리연구원, 뉴욕대학교 품성교육 연수원 등에서 전문 강사 과정을 거친 안주영 박사는 "품성이 성공과 행복을 결정한다."라는 기치 아래 1996년 품성 계발을 한국에 최초로 소개했다. 2000년에는 한국품성계발원을 설립하고 교육, 출판, 훈련으로 품성 교육의 시대를 열었다.

한국 사회도 실력만 갖춘 사람이 아니라 품격 있는 인재를 원하는 NO 스펙 시대를 향해 나아가는 지금, 품성은 최고의 경쟁력이다. 특히 한국품성교육협회KACE는 미국과 한국에 비영리 사단법인으로 등록하고 자녀 교육, 분노 조절, 성격 갈등, 부부 및 인간 관계 갈등, 비능률적 생산 및 경영 부실 등에서 발생하는 성품 문제를 근본부터 해결하는 전인격 품성 교육을 실시해 오고 있다.

료를 통해 한국에 최초로 품성 계발 교육을 소개했다. 또한 CC!의 자료와 훈련을 비롯해 기타 품성 연구 자료를 토대로 품성 교육을 담당하고 있다.

3. 서구 문명과 품성

품성은 서양 문명을 이해하는 데 아주 중요한 위치를 차지한다. 소크라테스의 제자이자 아리스토텔레스의 멘토였던 플라톤Plato, 기원전 427-347년경은 위대한 철학자요, 천재 교육학자였다. 아테네 아카데미를 설립하는 한편 저서 『국가』Republic에서 이상적인 국가의 비전은 새로운 교육 비전을 통해 기술, 학문 또는 지식이 아니라 품성 계발로 인간 최상의 이상을 구현하는 노력이라고 보았다. 국가의 부활은 결국 시민의 품성에 나타나고, 국가는 국민의 품성에서 이루어진다고 믿은 것이다. 따라서 교사나 부모는 아이에게 품성을 가르칠 책임이 있고, 아이는 품성을 배울 책임이 있다고 주장했다.

3.1. 품성 교육의 퇴색

히브리와 기독교 사상에서 플라톤과 아리스토텔레스 같은 고전 철학가와 19세기 미국과 유럽의 사상가들은 품성을 자유롭고 정의로운 민주 사회의 기초로 보았다. 그런데 20세기 들어서면서 품성의 영향력이 퇴색된 데는 여러 가지 이유가 있다.

우선 문화의 변화 내지는 퇴행으로 신앙, 품성, 덕행을 중요시하던 리더십이 약화되었다. 미국의 3대 사상에는 개신교 사상, 민주주의 사상 그리고 인본주의 사상이 있는데 앞의 두 사상은 품성을 중요시했지만 계몽 사상에 근거한 인본주의는 세속주의와 개인의 권리에 중점을 두고 품성을 등한시했다. 예를 들어 미국의 인기 잡지 《Ladies Home Journal》과 《Good Housekeeping》은 1890-1910년에는 칼럼의 33퍼센트를 품성에 할애했으나 1920년경에는 단지 3퍼센트만 품성에 관한 것을 실었다. 미국의 소도시 연구서인 《Middletown, USA》를 보면 1924년에는 전 국민의 54퍼센트가 '절대 순종 strict obedience'을 받아들였는데, 50년 후인 1974년에는 25퍼센트로 줄었고 그 후의 조사에서는 76퍼센트가 '독립성 independence'을, 46퍼센트가 '관용tolerance'을 중시했다. O.S. Guinness, 2000

3.2. 품성의 재발견

기네스O.S. Guiness는 미국이 21세기 새천년을 준비하면서 20세기 말에 준비하지 못한 가장 중요한 이슈를 리더십, 특히 품성의 지도력이라고 지적했다. "리더의 품성이 중요하다."라는 주장에 대해 비판자들은 "품성은 어디까지나 개인의 마음속에 있는 것일 뿐 능력과 카리스마가 더 중요하다."라며 반박하고 거부했다. O.S. Guinness, 2000: 13

역사를 통해 보면 그 동기와 이론이 어떠하든지 개인의 품성, 인성, 인격은 좋은 사람, 좋은 가정, 좋은 학교, 좋은 기업과 좋은 사회를 이루는 모든 인간 관계에서 긍정적인 영향을 미친다. 인류 역사에서 좋은 품성으로 공헌한 처칠, 루즈벨트, 드골, 카터, 킹 박사, 테레사 수녀가 있는가 하면 악영향을 끼친 스탈린, 레닌, 히틀러도 있다. 강력한 권력으로 지배하는 독재자와 청렴하고 비전을 주며 결단력, 정직함, 청렴, 용기를 지닌 지도자 간에는 반드시 품성의 차이가 있다.

기네스가 보는 품성은 인간이 지녀야 하는 핵심 요소로서 리더십에 내포되어 있다.

첫째, 지도자의 품성은 우둔함, 덤덤함, 조심함과 혼돈되어선 안 되며 근본은 안전이 아니라 강인함이다.

둘째, 품성은 나쁜 품성과 좋은 품성이 있다. 스탈린이 다른 사람을 신뢰하지 않은 것은 나쁜 품성이고 처칠 경의 불굴의 용기는 좋은 품성이다.

셋째, 품성은 높은 지위에 올랐다고 크게 달라지지 않는다. 선전을 통해 타고난 품성을 잠시 가린다고 해도 결국은 좋게든 나쁘게든 드러난다.

지도자의 품성은 두 가지 중요한 의미가 있다. 외적으로는 지도자와 따르는 사람들 간에 신뢰를 제공한다. 내적으로는 지도자가 행동하는 원천이 되고 강한 자제력을 제공하는 조정 장치 내지는 제동 장치 역할을 한다. 많은 경우 품성은 선행을 하도록 유발하고 그릇된 행동을 하지 않도록 막는 마지막 장벽이다. 그러므로 지도자는 품성이 뒷받침되어야 성공한다.

3.3. 미국의 품성 회복 운동

미국은 21세기를 맞아 20세기의 범죄 증가, 학교 교육의 퇴행, 청소년 비행, 이혼 증가 등 각종 사회 문제의 근본 원인을 윤리 및 도덕성 타락과 품성의 결여로 보고 품성 교육의 가치를 내세우기 시작했다. 공교육과 사교육은 물론 기업에서도 윤리 경영을 위한 품성을 강조한 것이다. 미국의 육군사관학교, 정부기관 등지에서 도덕성과 품성 교육을 강조한 지 오래다. 레이건 대통령 시절 교육성 장관을 지낸 윌리엄 베넷William Bennett이 쓴 『미덕의 책』*The Book of Virtues*, 1994[4]이 미국과 한국에서 베스트셀러에 오르면서 Character Counts!, Character Education Partnership, Character First 등의 프로그램이 확산되었다.

미국의 품성 교육은 교사, 부모, 기업인과 정부 지도자를 포함하여 아이 교육에 관심이 있는 많은 사람의 지지를 받아왔다. 당연히 품성을 가르치는 교과 과정을 개설하는 등 품성 교육을 기대하는 학교가 늘어났다. 그 결과 교사들은 학습 분위기가 좋아지고 징계 문제가 줄면서 아이들의 학교 생활이 즐거워졌다고 보고했다. 학교 행정 담당자들은 학부모와의 관계가 좋아지고 출석률이 높아지는 한편, 학생과 교직원 간의 관계가 개선되었고, 무엇보다도 학생들의 시험 결과가 향상되었다고 보고했다. 학부모들은 아이들이 가정에서 생활하는 태도가 좋아지고 지역 사회에서도 건전한 구성원이 되는 등 한껏 성장했다고 말한다. 기업과 시민 지도자들은 오늘날 학생들이 내일의 시민이요, 노동력임을 알기 때문에 지역 사회에서 품성을 강조하는 것을 대체로 환영했다. 이처럼 품성 교육은 많은 학교에 변화를 가져왔다.

품성 계발 운동은 초등학교에서 먼저 시작하여 중고등학교와 대학교

---

4 학습자 편의 품성독서연습을 위해 『미덕의 책』의 글을 인용하도록 허락해 준 평단문화사 최석두 사장님에게 감사드린다.

까지 빠르게 확산되었다. 초등학교에서 품성 교육을 실시한 결과는 놀라울 정도였고, 중고등학교 교사들도 희망을 갖기 시작했다. 중학생과 고등학생들은 곧 노동 시장에 진입할 터 이들에게 품성 교육은 반드시 필요한 덕목임을 깨달은 것이다. Dotson & Wisont, 2001

품성 교육이 미국의 교육 현장에 처음 정착했을 때만 해도 그저 또 하나의 유행 정도로만 보는 사람들이 있었다. 그러나 교사와 행정직원들은 교과 과정에 품성 교육을 포함하는 데 익숙해져 품성 교육이 없는 학교란 상상할 수도 없었다. 품성 교육의 효과는 10여 년 동안 실행하면서 서서히 증명되었다. 폭력을 막기 위해, 학업 향상을 위해, 학생들에게 기본 시민 정신을 가르치기 위해 학교에서 품성을 가르쳐야 한다고 주장하는 지역 사회 구성원이 늘어났다. 효과적인 교육을 위해 품성 교육 커리큘럼을 교사 훈련 프로그램에 포함하는 대학도 점차 증가하고 있다.

현재 50개 주 가운데 18개 주 정부가 품성 교육을 의무화하는 법령을 시행하고 있다. 나머지 32개 주 중에서 18개 주는 품성 교육을 장려하고, 7개 주는 시행령이 없으나 품성 교육을 지원한다. 단지 7개 주와 워싱턴 D.C.만 품성 교육에 대한 구체적 시책이 없으나 역시 지역 학교들은 품성 교육을 선호하고 있다. character.org 거의 모든 주 정부는 품성 교육을 위하여 연방교육성을 통해 연방정부 자금을 지원받으며 각 학교별로 사립 재단의 재정 후원을 받고 있다.

이것이 품성이다

김O영(엄마)

　제가 말을 건네면 귀를 막고 "안 들려, 안 들려." 하는 반응을 보이던 아이가 어느 날, 유치원에서 '경청'을 배우더니 서서히 그 버릇을 고치는 거예요. 그 뒤로는 긍정적인 태도, 배려, 감사 등을 배우며 입에서 나오는 말이 달라지는 것을 보고 '이것이 품성이다' 라는 생각이 들었어요.

　1년 뒤 품성 속성 과정을 들으면서 저의 잘못된 품성을 하나하나 발견하고 '내가 이런 사람이었나?' 하는 반성을 하며 '나의 그릇된 성품 때문에 많은 사람이 힘들었겠구나' 하는 생각이 들었습니다.

　품성을 배우고 무의식을 의식화함으로써 좋은 품성을 몸에 익히는 것이 달라졌습니다. 초급 과정까지 마친 지금은 나의 의문점이 많이 해결되었습니다. 원리를 통해 나의 잘못된 모습을 알고 내가 해야 할 일이 무엇인지 깨닫고 나니 항상 기뻐할 수 있었습니다. 중급 과정을 기다리며 더 달라진 나의 모습을 기대해 봅니다. 아직 많이 부족하지만 집에서도 열심히 실천하고 있습니다.

　아이가 경청하는 것 하나만 보고 무작정 품성을 배우러 와서 중급 과정까지 마치고 나니 제 삶의 참 자유를 찾은 느낌입니다. 어린 시절 아버지는 항상 권위를 내세우셨는데 약주를 드신 날이면 잠든 엄마와 우리 사남

매를 깨워서 끓어앉히고는 가장으로서 얼마나 고생하는지 한바탕 늘어놓곤 하셨습니다. 저희가 잘못하면 어김없이 매를 드셨고 칭찬 한마디 건네신 적이 없었지요. 그런 아버지였기에 지금은 저희가 아버지한테 화를 내고 조목조목 따져듭니다. 아버지의 실수를 지적하고 엄마에게 잘못하면 아버지를 비난하고 가르치려 들었어요.

생각이 거기에 미치자 사랑의 하나님을 만나지 못하는 것은 아버지 탓이라는 결론이 나더군요. 그래서 더 화가 났죠. 그런데 초급 과정에서 '권위와 용서의 원리'를 배우며 생각이 달라졌습니다. 제 비난은 '외면의 태도'이고 그 뒤에는 분노라는 '외면의 동기'가 숨어 있으며 그 내면의 태도는 '이생의 자랑'이라는 쓴 뿌리이며, 그 안에 정작 하나님의 계획에 대한 나의 감사가 없음을 발견하면서 아버지를 제게 주신 하나님의 계획하심을 알았어요. 그 후 아버지를 만나 "제가 지금 품성을 배우는 중에 하나님께서 우리 가정의 가장으로 아버지를 세우고 권위를 부여하셨다는 것을 배웠어요. 그러나 저는 아버지의 권위를 인정하지 않고 대들며 가르치려고 했어요. 부디 용서해 주세요."라고 고백했습니다.

아버지 역시 눈물을 흘리시며 "너희가 뭘 잘못했니? 내가 다 잘못했지. 나는 너희에게 아무것도 해 준 것이 없다. 그리고 너희 엄마를 너무 고생 많이 시켜 미안하다."라고 하셨습니다. 그 자리에 함께 있던 동생들도 울고 저의 가족도 모두 울었습니다. 저에게 큰 변화가 일어났듯이 이 글을 읽어 주신 분들께도 하나님의 지극히 보배롭고 큰 약속이 이루어지길 바랍니다.

2장

품성이란 무엇인가?

품 성 이   성 공 과   행 복 을   결 정 한 다 !

"품성은 아무도 보지 않을 때 말하고 행하는 나의 실체다."

_무명씨

Character Education

품성은 성품, 인성, 개성, 미덕, 덕성, 덕목, 인격과 함께 사용하는 말이기 때문에 정확하게 설명하기가 쉽지 않고 이해하기도 힘들다. 품성이나 인성은 볼 수도 만질 수도 맛을 볼 수도 없다. 일반 대중은 물론 인격 교육에 관심을 둔 사람들조차 인성, 인격, 개성, 성품, 품성, 품격 같은 단어를 혼용해서 사용한다. 하지만 각 낱말 개념을 정확히 파악하지 않으면 이해하고 실천하는 데도 문제가 생긴다. 실제로 학교마다 '인성 교육'이란 말을 무수히 쏟아내고 있지만 분명하게 설명하는 주체도 많지 않고 분명하게 이해하는 객체도 드물다. 서양에서 나온 개념들을 무작정 들여와서 모호하게 이해하고 사용하기 때문이다.

서구 개념인 인성은 사람의 '본성human nature'을 의미한다. 본성은 좋은 성품과 나쁜 성품으로 구분하는 데서 출발하는 만큼 맹자의 성선설, 순자의 성악설과 맥락이 같다고 볼 수 있다. 본성은 가르침 이전의 성품을 말하며 나쁜 성품을 좋은 성품으로 가꾸어 나가는 것이 품성 계발character development 또는 인격 형성character formation이다. 반면 동양에는 원래 인성 교육이라는 개념이 없다. 유가儒家敎의 성학聖學, 즉 '성인의 배움'에서 말하는 성인으로 가기 위한 수양修養, 불가佛家의 수행修行을 통해 몸과 마음을 닦는 공부가 서양의 인성 교육이다. 서명석, 《인격 교육》, 2008, 2(1): 81-103

1. 개념 파악

특히 우리나라에서는 도덕, 윤리, 개성, 인격, 성품, 품성 등을 집약해서 인성人性이라고 부른다. 이들 낱말은 사회학, 심리학, 윤리학 등 학문 분야에 따라 정의와 해석이 다양하지만 다음과 같이 간단하게 개념을 정리해 볼 수 있다.

1.1. 성격

부모나 조상에게서 유전적으로 물려받은 성질 또는 기질temperament or natural trait로서 인간의 행위에 무의식적으로 영향을 주며 인간의 욕구를 채우려는 본능적 태도다. 성격은 행동, 생각, 감정 등으로 나타나는 개인의 특별하면서도 일관된 형태를 일컫는다. 성격이란 개인이 다른 사람과 구별되는 특성의 총체적인 합이라고 할 수 있다.최애경, 2011

민족, 인종, 성별, 문화 배경에 따라 다른 특성을 보이므로 유전적이라 볼 수도 있다.

히포크라테스기원전 460-370년는 '느리다', '내성적이다' 등 타고난 성격을 인간에게는 네 가지 액체가 흐른다는 이론에 근거하여 네 가지 성격으로 크게는 외향성, 내향성 두 가지로 구분한다 (1) 다혈질 낙천가sanguine (2) 담즙질 행동가 choleric (3) 우울질 사색가 melancholy (4) 점액질 이론가phlegmatic로 구분했다.

또한 융C.G. Jung의 심리 유형 이론에 따른 MBTI에는 다음의 네 가지

지표가 있다. (1) 외향형 E와 내향형 I (2) 감각형 S와 직관형 N (3) 사고형 T와 감정형 F (4) 판단형 J과 인식형 P

1.2. 미덕 · 덕성 · 덕목 · 덕망 · 덕행 virtues

이들 낱말은 개념의 차이가 있지만 어원은 비슷하다. 윤리적, 도덕적 노력으로 양성되거나 본능으로 타고난 양심의 가치관에 따른 행위를 말한다. 어릴 때부터 부모, 학교, 사회 교육의 영향으로 타고난 성격 또는 성품이 변형된 행위정직, 친절, 자비 등다. 배움과 노력으로 마음heart에 숨은 혼지 · 정 · 의에 영향을 미쳐서 행동으로 드러나는 것이다. 이러한 미덕은 일상생활에서 좋은 매너나 예절로 나타난다.

> 매너manner_ 1. 어떤 행동이나 태도, 버릇, 몸가짐에 관한 외적 표현이다. 예) "매너가 형편없다" 2. 예절로 사회생활에서 교제나 대화 시의 예의와 바른 행동 관습이다. 예) 자동차 문을 열어 주거나 의자에 앉혀 주는 친절한 행위 등

1.3. 인격person

'사람 됨됨이'를 말하며, '흠이 없는 사람a man of integrity'은 민주 사회 구성원의 기본 덕목이다. 우리나라에서는 인성人性을 personality로도 번역한다. 인격은 도덕 개념으로서 덕성보다는 좀 더 일반적이고 넓은 의미로 자아의 도덕과 양심을 말한다. 예: 결백성, 청렴성, 일편단심, 흠이 없음 등 《허준》에서 왕위지는 "인격을 갖추지 못한 자에게는 예절을 가르치지 말

라."고 했다.

칸트Immanuel Kant는 마지막 10년을 "인간은 무엇인가?"라는 명제에 몰두하다가 "철학은 인격을 세워 나가는 길이다. 하나님과 천사들은 나에 대해 아는 것을 가지고 나의 다른 점을 체크하지 않고 인격을 체크한다."라고 철학과 인격 개념을 정립했다. 덴마크의 실존철학자 키에르케고르Søren Aabye Kierkegaard,1813-1855는 인간이 개별화된 존재로 살아야 참된 인간이라고 강조하면서, 연극 무대의 연기자 역할을 하며 살아가는 인간의 개체성을 주장했다.

이처럼 인격은 서양의 개념인persona 탈, 가면에서 나왔다. 원래 가면극의 가면을 뜻하는 페르소나persona라는 어원을 가진 인격personality은 연극에서 가면이 하는 역할과 같이 다른 사람의 역할을 하거나, 한순간에 한 가지 의식으로 과거와 현재와 미래를 통하여 그 정체가 지속되는 상태를 가리키는 말로 사용되었다. 서양에서는 중세 철학에서 비롯된 인격론을 지성주의로 거론하기 시작했다.

우리말 사전에서 인격은 "사람의 품격", "개인의 지 · 정 · 의 및 육체적 측면을 총괄하는 전체적 통일체", "도덕 행위 주체로서의 개인" 등으로 풀이하고 있다. 인격에 대해 인식론적으로 보편타당하게 누구나 만족할 만한 정의를 내리지는 못한 상태다.

진교훈 교수는 동양 사상으로 보는 인격의 의미를 이해하려면 "격格"의 뜻을 알아야 한다고 주장하면서 유교 경전에서 格은 (1) "말에는 내용이 있고 행위에는 격식格式이 있다. 즉 법칙에 합치되는 것을 합격合格이라고 한다."라고 설명한다. 따라서 인격이란 인간의 격식, 즉 법칙에 합치되는 행동을 하는 것을 의미한다. 다시 말해 인격이란 "인간다운 노릇을 하는 법칙"이라고 할 수 있다. (2) 격이란 "표준"을 의미하므로 인격은 인간다운 노릇을 하는 표준이라고 하겠다. (3) 인격이란 "사람다운 자격"을 의미한다. (4) 격은 "마음을 바로잡는다", "마음을 바르게 한다"는 뜻으로 인격은 인간의 마음을 바르게 잡는 것과 인간의 올바름을 의미한다. (5) "인간의 행위 틀"을 의미하므로 "나는 누구인가?"에 대한 대답이 인격이다.

결론을 말하자면 "동양 사상에서 인격은 동물과 다른 존재로서 덕德을 행하는 사람다움"을 의미한다. 《논어》와 《맹자》에서 언급하는 성인聖人, 현인賢人, 인자仁者, 대인大人, 군자君子, 성인成人, 선인善人, 지자知者 등은 인격의 위상을 말해 준다. 진교훈, 「인격」, "선진 유가에서 본 인격의 의미", 서울대학교 출판문화원, 2007:3-6

인격人格=사람人+틀격格인데 틀격이 나중에 칠격으로 변형되어 '치다', '티다', '더하다', '기르다', '양육하다'의 의미를 갖는다. 니를格의 경우 '니르다=이르다', 즉 '사람됨에 이른다', '사람답게 기른다'는 뜻이다.

한국인을 포함해 동아시아 한자문화권에서 말하는 인격은 군자를 염두에 둔 낱말이다. "공자가 말하는 군자는 지조를 지키고 몸가짐을 중후하게 하며 늘 조심함으로써 타인을 감화시키고 후세에 모범이 되는 사람이다. 따라서 공자의 인격은 도덕군자를 가리킨다. 다만 우리가 유념해야 할 것은 인격은 관찰과 설명이 가능한 능력을 지닌 사물이나 대상, 관념이 아니라 오로지 구체적으로 행동하는 순간에 수행자로서 나타날 수 있을 뿐이라는 것이다."진교훈, 2007:16

유가에서는 수양을 통해, 불가에서는 수행을 통해, 성학에서는 몸과 마음을 닦음으로써 사람이 사람다워진다고 본다. 이미 말했듯이 동양 사상에서는 원래 인성이란 없다고 보며 한국 교육학계에서 통칭하는 인성 교육은 도덕, 윤리, 인성, 인격, 품성을 통틀어 말한다.서명석, 『인격 교육』, 2008, 21 : 81-103

도덕moral_ 올바른 가치에 따라 사람의 행위를 이성적으로 인도하려는 최소한의 노력을 말한다. 즉 올바른 행위를 위한 최상의 기준을 따르는 것이며 개인의 행위에 대한 판단력을 도덕성morality라고 한다.Rachels & Rachels, 2007:14

윤리 · 윤리학ethics_ 윤리는 사회적 맥락에서 행위의 도덕성을 판단하는 것이다. 윤리학은 사회적 도덕 개념을 이해하고 도덕의 본질과 근거에 대해 체계적으로 탐구하는 것을 뜻한다.Paul Talyor, 1985:11

인성_ 한국에서는 personality를 성격 또는 인격으로 번역하여 인성, 성품, 개성 등과 비슷하게 사용하므로 인성의 의미가 모호하다. 동양 사상에서는 원래 인성이란 개념이 없는데도 한국 교육학계에서 말하는 인성 교육은 도덕, 윤리, 인성, 인격을 통칭한다. 특히 미국의 품성 교육character education을 인격 교육으로 번역하거나 "덕 교육"이라고 부르기도 한다. 이에 대해 한국의 교육학자들은 동양 사상의 "사람다움", "사람 됨됨이"와 같이 각 개인이 지닌 내면의 특질이 아니라고 본다.한국인격교육학회, 2010 영어에서 personality는 심리학 개념이라기보다 아래에서 설명하듯이 내면의 성격에 따라 외형으로 나타나는 윤리 행위의 특징, 유형 또는 형태pattern, 즉 개성으로 본다.

1.4. 개성personality

위에서 설명한 인격person의 도덕성이나 윤리성의 내면과는 상관없이 남의 눈에 보이는 독특한 사람의 형태 또는 개인의 스타일personal style을 말한다.

당신의 개성이 당신의 행동에 영향을 미치고 당신이 다른 사람들과 어떻게 상호작용을 하는가에 영향을 미친다. 긍정적이고 낙관적인 고용인은 부정적이고 비관적인 고용인보다 높은 업무 성과를 낸다고 한다. 개성을 알면 다른 사람의 직무 수행을 설명하고 예측할 수 있다. 소위 개성의 갈등은 행동, 인간 관계와 업무 수행에 부정적인 영향을 미칠 수 있다. 다양한 사람들을 잘 이해할수록 인간 관계가 좋아진다.

우리는 일상생활에서 각자 다르게 행동한다. 개성 또는 개인 스타일은 아주 복잡한 주제인데 그러면서도 우리는 사람의 행동을 표현하기 위해 "따뜻함", "공격적", "느긋함" 같은 형용사를 사용한다. 개성personality이라는 단어는 개인 행동의 특성trait 또는 특징characteristics을 집합적collection이고 전인격체total person로 묘사하는 데 사용된다. 개성 또는 개인 스타일은 개인의 행동을 설명하고 예견하도록 돕는 특성의 설정이다. 한마디로 총체적인 정신 구성이다. 외형유머, 멋이 있는 모습 등, 남과 다른 성격individuality, 개성이 강한 사람a man of strong individuality으로 표현하는 personality는 내면과 외면을 합친 것이며, 성격 또는 인상이 좋은 인품을 지닌 사람a man of pleasing personality을 말한다. 그렇다면 사람이 겉모양만 멋있고 인기만 있으면 되는가? 성경은 "사람은 외모만 볼 수 있고 내면을 볼 수 없다. 열 길 물 속은 알아도 한 길 사람 속은 모른다."삼상 16:7라고 가르친다.

1.5. 품성character과 성품nature, disposition

우리나라에서는 성품性品과 품성品性을 별 구분 없이 혼용해서 사용하는데 두 단어가 한자도 같다. 대체로 성품이란 낱말을 많이 사용한다. 품성은 필자가 품성 교육을 한국에 도입할 당시에는 인터넷에서도 드물게 인용했는데 최근에는 언론에서도 많이 쓰인다.

우선 이해할 것은 사람의 본성本性, nature은 개별 존재가 본래 갖추고 있는 성품 또는 성질을 말한다는 점이다. 본성을 간단히 성性이라고도 하는데 다른 말로는 성품性品이라고 한다. 성性은 마음心과 태어남生을 합성한 뜻 그대로 '타고난 마음출처: 한국어 위키백과'을 의미하는 사람됨을 위한 배움 이전의 마음이다. '사람의 성질과 됨됨이'로서 성질과 성격을 말하는 품성물건 품品: 등급, 품격, 관위, 종류, 품평은 물건에 품질이 있는 것처럼 사람의 자질資質이 좋은 사람됨의 바탕이며 '품격과 성질을 아울러 이르는 말'이라고 정의하듯이 품성은 인격과 품격의 뜻이 강하다.

2. 품성 어원 연구

영어의 character는 원래 헬라어 *charassein*에서 유래된 말로 특출한 표식 또는 표시를 뜻하는데, 품성의 개념이 "사람의 행동 형태인 도덕의 구성 요소moral constitution"로 발전되었다.

사전을 통한 어원 연구에 따른 해설은 다음과 같다.

> **품성**品性 [물건] 1_ 품성character[kæriktər]은 14세기 그리스 원어*charakter*
> 에서 유래하여 각인하는 "도구engraving tool" 또는 "접목engraft" "이식
> implant"을 하는 연장의 의미다. 고어에서는 ① 그리다, 묘사하다, 기술하
> 다, …의 특성을 나타내다. ② 새기다.

character는 1) 다른 사람과 다르게 나타나는 사람의 특별한 표징이나 2) 도덕적으로 옳고 그름을 분간하여 확신으로 행하는 사람의 자질을 말한다. 3) 품성 교육은 인간의 본질 또는 부정한 본성을 바꾸는 것이 아니라 양육과 훈련을 통해 절제 또는 통제함으로써 예방한다.

품성稟性 [녹 품 또는 여쭐 품] 2_ "내려주다", "타고난 기품", "타고난 성질"예) 품성이 온화하고 겸손하다이며 타고난 성품은 나쁜 성품과 좋은 성품이 있을 수 있다. 성품은 교육으로 양성되지 않는 본성으로 보는 반면 품성은 자라면서 후천적으로 얻은 문화 유산이다. 즉 타고난 성격, 본능적인 양심의 판단과 가정, 학교, 사회 교육으로 사람됨됨이가 사람답게 양성된 후천적 덕성과 윤리적 가치관이 종합적인 자아自我의 태도와 행위로 나타나는 것이 품성이다. 특히 "아무도 보지 않을 때 나타나는 개인의 실체"로 대인 관계에서 도덕의 원리와 가치관에 따라 청렴, 자제력, 책임, 자비와 양선, 사랑 등의 덕목이 성숙하게 형성된 품격品格이다.

3. 품성의 종교적 역할

품성은 서양 철학과 히브리 기독교 사상의 근원에 있기 때문에 종교의 윤리와 도덕성을 가르칠 때 품성 계발, 학업 증진, 훈육은 아주 중요하게 맞물려 있다. 많은 사람은 도덕을 가르치는 것이 종교와 밀접하다고 여긴다. 사실 대부분의 종교가 자녀 양육에 대해 중요한 가치관을 정립하고 있다. 구약성경은 "네 부모를 공경하라."출 20:12, "마땅히 행할 길을 아이에게 가르치라. 그리하면 늙어도 그것을 떠나지 아니하리라."잠 22:6고 가르친다.

동양 사상에서도 품성은 유교의 도덕을 실천하는 데 기본을 이루는 덕목으로 공맹孔孟의 교리에 입각하여 삼강오상설三綱五常說을 논한 데서 유래하여 오랜 세월 사회의 기본 윤리로 존중해 온 윤리 도덕이다. 특히 《맹자》에 나오는 부자유친父子有親은 효도를 강조했다. 종교와 정치가 분리된 대부분의 민주 국가에서 비행청소년의 문제가 심각해지는 것을 보면 이와 같은 도덕 가치를 아이들에게 가르쳐야 한다는 데는 동서양을 막론하고 반대하는 부모가 없다.

특히 서구 개념인 품성의 성경적인 견해는 히브리 크리스천의 성서에서 출발한 것으로 세계 역사에서 가장 오래되고 고귀하며 가장 어려운 것임에 틀림없다. 이 견해에 따르면 품성이란 "하나님 이외에 아무도 보지 않을 때의 우리 실체who we are when no one sees—but God"라고 정의하며 다음과 같이 설명한다.

첫째, 인간은 하나님의 형상, 신의 성품이 되어야 한다.

둘째, 하나님은 인간의 겉모습이나 외식을 보지 않으시고 심중·내면의 실체를 보신다. 그러므로 유대 이스라엘 백성은 "여호와를 경외하며 두려워하며" 살라고 가르쳤다.

"여호와께서 사무엘에게 이르시되 그의 용모와 키를 보지 말라. 내가 이미 그를 버렸노라. 내가 보는 것은 사람과 같지 아니하니 사람은 외모를 보거니와 나 여호와는 중심을 보느니라 하시더라."삼상 16:7 여기서 중심은 사람의 내면인 마음heart을 뜻한다.

셋째, 보배롭고 지극히 큰 약속으로 말미암아 신의 성품에 참여하려면 믿음, 덕, 지식, 절제, 인내, 경건, 형제 우애, 사랑의 성화 또는 성숙 과정을 거쳐야 한다.^{벧후 1:4-7}

이와 같은 품성의 세 가지 성경 개념, 즉 (1) 하나님의 최상의 성품 (2) 하나님이 요구하는 품성의 기준^{성화} (3) 인간의 진짜 본성^{내면의 모습}을 하나님이 온전히 아신다는 개념이 서구 문명에 막강한 문화 결과를 가져왔다. '제한된 군주 제도^{하나님이 진정한 왕이므로 인간 군주는 제한됨}'와 미국을 '하나님 아래 세워진 국가^{nation under God}'로 표방한 경우다. 미국의 독립선언 문을 쓴 토머스 제퍼슨^{Thomas Jefferson}은 "하나님은 정의로우시며, 그분의 정의는 영원히 잠들지 않는 것을 생각할 때 나는 미국을 위해 두려움에 떤다."라고 했다.

히브리 또는 헬라 사상에서 품성은 사람이든 물건이든 '타고난 내면의 선물^{natural gift}'을 말하므로 개성, 겉모양, 명성 또는 인기와는 개념의 차이가 있다. 사람의 경우는 생각, 말, 결정, 행동과 관계의 뿌리가 되는 내면의 실체다. 이와 같이 행위가 사람의 품성을 보여 주기 때문에 궁극적으로 품성이 성공과 행복을 결정한다. 그러므로 사람의 품성은 철학, 사상, 성취나 업적, 심지어 덕성보다도 깊은 내면의 실체다.

품성을 3C로 보면 내면의 핵심^{core}, 일관성 있는 언행일치^{consistency}, 희생의 대가^{cost}라고 할 때 핵심은 내면의 실체이며, 일관성은 그 사람의 핵심이 항상 같아야 신뢰가 생긴다. 일관성 있는 핵심 내면의 품성은 희생하는 시험과 시련의 대가를 통해 나타난다.^{O.S. Guinness, 2000}

헬라 사상에서는 품성을 동전에 표식이 찍힌 것처럼 사람에게 찍힌 자질로 보았다. 히브리 사상에서 본 품성은 도덕이다. 《성경》의 "의義"는 단순히 말과 행동의 문제가 아니라 마음의 문제다. 그런 의미에서 하나님만 보실 수 있는 인간의 핵심과 내면의 실체이고 "사람이 마땅히 해야 할 행위선행"다.

히브리 사람들에게는 좋은 의도내면를 가졌으나 실행외면하지 못하면 무책임한 것이다. 외형으로는 잘 행동하지만 내면에서 분노하고 욕정을 품으며 이기적이고 자만심이 있으면 위선자로 본다. 이런 뜻에서 품성은 단순히 유전을 받는 것도 아니고 잡초처럼 저절로 자라는 것도 아니다. 품성은 인간보다 더 높은 분의 도움으로 형성되고 양성되는 것이다. 그러므로 사람은 생각하는 그대로다. 마음이 믿음, 확신, 신념, 도덕 품성의 중심, 영적 중심체요 자아이기 때문에 생명의 근원이 된다.O.S. Guinness, 2000

독일 신학자 본 회퍼는 "우리가 도덕적 윤리와 세계를 바르게 세우기 위해서는 기독교인이 되고, 믿음을 갖기 이전에 먼저 인간이 되어야 한다."라고 갈파했다. 인간이 되지 못하고 신자가 되면 믿음이 커질수록 더 교만하여 문제를 일으킨다고 강조했다. 은혜를 받았다는 자가 문제를 더 일으키는 것은 인격사람됨이 세워지지 못한 채 신앙이 들어갔기 때문이다. 인격은 신앙을 담는 그릇이다. 연극 무대에서 각본대로 연기해야 하듯이 나 자신의 타고난 성격 또는 본성대로가 아니라 '신의 성품에 참여하기' 위해서 하나님의 각본에 따라 연기를 플레이=역할극해야 한다. 그러므로 일반 교육이나 신앙 교육의 목표는 인격 형성이다. 성경적 품성의 목표로서 인성 또는 품성은 앞에서 말한 덕성, 인격, 개성 등 모든 것을 종합하여 거룩함을 향해 흠 없이 청렴한 마음밭을 계발하고 그리스도처럼 생활에서 실천하는 것이다.

4. 좋은 품성의 철학 개념 이해

유아기 이후 모든 사람은 품성, 즉 주변 사람들이 행동을 예측할 만한 형태나 패턴이 있다. 우리 각자는 게으름, 옹고집, 교만 등 부정적인 면이나 인내, 배려, 친절 같은 긍정적인 면이 혼합된 특징이 있다. 그러나 계발된 품성, 즉 좋은 품성은 이미 굳어버린 행동 형태나 행위 습관 그 이상의 의미를 지닌다.

어느 나라든지 가정, 학교, 기업이나 정부는 품성의 가치를 세우기 위해 좋은 품성의 정의를 명확히 내려야 한다. 케빈 라이언Kevin Ryan 교수는 "좋은 품성이란 선한 것을 알고knowing good, 선한 것을 사랑하고loving good, 선한 것을 실행doing good 하는 것"이라고 간결하게 정의했다. 그러므로 품성을 세우려면 인지, 감성, 행동의 3H 즉 머리head, 가슴heart, 손hand을 사용해야 한다. Kevin Ryan & Karen E. Bohlin, 1999: 5

케빈 라이언 교수는 이 세 가지 개념이 긴밀히 연계되어 있다고 본다. 우리는 자기중심적이고 무지하며 이성을 지배하는 원초적인 충동을 가지고 태어난다. 따라서 선한 것을 안다는 것은 선과 악을 이해하고 분별하는 일을 포함한다. 이는 상황을 종합하여 잘 숙고한 뒤에 바르게 행할 일을 선택하고 실행하는 능력을 계발하는 것을 뜻한다. 아리스토텔레스는 이를 "실제적 지혜practical wisdom"라고 말했다. David Ross, 1925 "실제적 지혜"란 "상황을 잘 안다"는 뜻이다. 운전자가 음주하면 자동차 운전을 하지 않아야 하는 법을 아는 것이다. 학생이라면 숙제를 끝낸 후에 가족들과 시간을 보내고 친구와 영화를 보거나 집안 청소를 하는 분별력을 말한다. 실제적 지혜란 시간 관리만 뜻하는 게 아니라 생활에서 우선순위를 정하고 선택하는 것이다. 현명한 선택을 하고 지키는 능력이야말로 실제적 지혜다. 유대인이나 홈스쿨 가정에서 지혜를 중요하게 여기고 가르치는 이유다.

선한 것을 사랑함은 먼저 선과 악을 분별함으로써 선한 것을 선택하고 악을 멀리하며 다른 사람의 입장을 이해하는 능력을 포함하는 도덕적 감성을 충분히 계발하는 일을 뜻한다. 옳은 일을 바르게 실행하기를 원하는 것이다. 선한 것을 사랑함은 사람이 비록 잘못된 행동을 할지라도 그를 인격체로 존중하고 사랑하는 것이다. 실제적 지혜는 '죄는 미워해도 죄인은 사랑하는 것이다'. 선善을 실행한다는 것은 모든 환경과 관련된 사실을 깊이 숙고한 후에 우리가 행할 의지를 갖는 것이다. 세상은 옳은 일을 하는 것이 무엇인지를 머리로 아는 사람은 많으나 실행이 부족한 사람으로 가득하다. 선이 무엇인가를 안다고 해서 스스로 선을 행할 수는 없다.

"선은 무엇인가?"에 대해 케빈 라이언 교수는 문화의 차이에 따라 다르게 정의하지만 공통분모는 있다고 설명한다. 모든 문화에 존재하는 황금률의 경우 다른 사람의 존엄성을 존중하는 것이 근본 선이라고 본다. 또한 우리는 세계의 문학, 종교, 철학, 기독교 예수의 가르침에서 공통의 도덕 가치를 발견한다. 선이란 개인과 사회를 하나로 묶어 주는 도덕의 의무 요소로 인식한다. Kevin Ryan & Karen E. Bohlin, 1999

역사와 문화를 초월하여 가장 자주 나타나는 이상理想, ideal은 그리스의 핵심 미덕인 지혜, 정의, 자제력과 용기다. 이런 미덕은 라틴어의 cardo, 즉 어떤 것이 의존하거나 매달리는 경첩에서 유래된 중추적 기본 cardinal 미덕이다. 나머지 미덕은 하나 또는 그 이상이 서로 연계된 것이다. 지혜는 우리가 건강한 판단을 하고 신중하게 생각하며 지적으로 정직하게끔 하는 미덕이다. 지혜는 우리가 선을 추구할 때 바르게 계획하고 행하도록 한다. 정의justice는 외적이며 사회성의 미덕으로 우리가 개인적·전문적·법적인 면에서 다른 사람에게 의무와 헌신을 다하는 것이다. 정의감은 다른 사람이 마땅히 받아야 하는 공평한 대우를 하게 한다. 반면에 자제력은 내적인 것으로 나 자신을 위한 개인의 미덕이다. 자제력은 일시적 충동을 이성으로 억제하고 도덕적 자주성을 기른다. 화를 잘 내는 10대 소년이나 하루 여섯 시간 이상 텔레비전 앞에 앉아 있는 청소년이 숙제를 잘할 수 없다면 자제력이 부족한 것이다. 마지막으로 용기의 미덕은 단순히 용감한 행동을 하는 것이 아니라 선하고 올바른 일에 헌신하는 정신력인데, 불편하고 인기가 없는 경우에도 적극적으로 용기를 내는 것이다.

선을 알고 선을 사랑하며 선을 행하는 것은 머리, 가슴, 손이 통합되어야 가능하다. 아리스토텔레스, 칸트, 공자의 말과 《성경》을 인용할 만큼 뛰어난 도덕이론가는 될 수 있을지라도, 외로워서 우는 네 살짜리 아이에게 이야기책을 읽어 주며 달래 주거나 수술받고 회복하는 이웃을 위해 작은 심부름 하나 해 주지 못하거나 혹은 강도 만난 나그네를 돌봐줄 수 없을 만큼 바쁜 사람들을 흔히 본다. 품성은 단순히 지적인 헌신, 마음이 바라는 것, 책임을 기계적으로 완수하려는 것 이상을 요구한다. 품성이 좋은 사람은 진심으로 말하고 그 약속을 지키는 "인격의 흠이 없는 사람ª a person of integrity"이다. 진정한 품성인의 척도는 그의 행함을 다른 사람들이 보지 않을지라도 실행하는 것이다. 또한 성적을 올리기 위해 부정행위를 해야 하는 압박감에도 그것을 하지 않으려고 자제력을 발휘하는 일이다. 사람들과 지내다 보면 그들의 인격이 드러나는데, 상대방이 자신에 대해 생각해 주기를 바라는 것과는 전혀 다른 행동을 보이는 경우가 있다. 한 청년이 지혜를 배우기 위해 티베트의 산 속에 들어가 명성 높은 수도사를 만났다. 그런데 수도사가 자신이 얼마나 지혜가 많으며 위대한지를 10여 분 이상 설명하자 청년은 "당신의 말이 너무 커서 들을 수 없으니 당신을 떠나야겠다."라고 말했다.

품성은 행동과 매너로 우리 자신이 누구인지를 보여 주는 실체다. 우리에게는 모두 행동 형태가 있는데 정작 우리 자신은 그것을 알지 못하는 경우가 많다. 케빈 라이언 교수는 품성이란 간단히 말하면 우리의 지성과 도덕 습관의 집합체라고 설명한다. 즉, 품성은 우리의 좋은 습관 또는 미덕과 우리가 어떤 사람인가를 보여 주는 나쁜 습관이나 악습을 포함한다. 좋은 습관과 나쁜 습관은 우리가 일상에서 반응하는 태도에 영향을 미친다. 길에서 아무도 보지 않을 때 다른 사람의 지갑을 발견할 경우 품격이 있는 사람이라면 주인을 찾아서 돌려줄 것이다. 반대로 부정직한 습관을 지녔다면 다른 사람의 지갑을 발견하는 순간 주머니에 집어넣을 것이다. 그러므로 품성이란 "신神 또는 천사 말고는 아무도 보지 않을 때 나타나는 각 개인의 실체"다. 품성은 어떤 대가를 치르더라도 올바른 일을 바르게 하고자 하는 내면의 동기이며 이것은 곧 황금률의 정신, 즉 나 중심에서 벗어난 타인 중심의 태도이기도 하다. 같은 맥락에서 토마스 리코나 교수는 "인지, 감성, 행동 면의 도덕적 품성"을 강조한다.

미덕과 악덕이 만들어 낸 습관 혹은 성품이 인생에서 발생하는 수많은 사건에 대해 우리가 어떻게 반응할 것인지를 말해 준다. 또한 우리가 반응하는 태도에 따라 다른 사람이 우리를 신뢰하든지 불신한다. 사람들이 우리를 안다고 할 때, 우리의 이름이나 외면만 아는 경우가 있으며 우리의 내면 품성에서 나타나는 행동까지도 안다는 의미가 있다. 그러므로 소크라테스는 많은 것을 가르치는 중에도 특히 "너 자신을 알라."고 일렀다. 자신을 아는 데서 그치라는 뜻이 아니다. 소크라테스와 그를 따르는 세계의 위인들은 우리의 품성을 만드는 습관을 지식으로 아는 것 이상을 요구했다. 부단히 되새겨 보고 바른 습관을 키우며 지성을 더 가꾸어 우리 자신 안에 더 강한 도덕적 품성을 세우라고 가르쳤다.

세상을 살아나가기 위해 배워야 하는 것이 많으나 좋은 품성을 만드는 습관이야말로 개인의 행복과 건강한 사회를 위해 무엇보다도 중요하다. 인류 역사를 통해 개인의 품성이 얼마나 중요한지 증명되어 왔다. "품성은 운명이다."라고 말한 헤라클리투스의 짧은 격언에 공감이 간다. 우리가 품격 있는 사람이 되려면 더 좋은 사람됨의 품성을 계발해야 한다. 로마의 정치가 키케로Marcus Tullius Cicero는 "한 국가의 복지는 국민의 품성에 달렸다."라고 강조했다. 좋은 품성을 갖는 데 성공하느냐 실패하느냐에 따라 개인의 운명과 행복은 물론 국가의 운명이 결정된다.

무릎을 꿇은 딸

이〇영(방과 후 학습 교사)

품성 초급반을 마치고 집으로 돌아갈 때 굉장한 기대감이 있었습니다. 남편과 두 아이랑 좋은 품성의 가정을 이루며 일상에서 열심히 품성 계발을 하리라 다짐했지요. 그리고 중급반 강의를 들으며 너무 심오해서 한 번에 다 깨달을 수는 없었지만 나와 가족의 행동에 나타나는 문제들을 바로 볼 수 있는 통찰력이 생겼습니다. 무엇이 근본 문제인지를 알고 해결 방법도 알았죠. 고심하던 관계의 문제를 해결하고 마음이 편안해졌으며 상처를 준 상대방 앞에서도 웃을 수 있는 평화를 얻었습니다.

중급반 과정을 마치고 집에 돌아오니 다른 날보다 늦은 오후 8시 57분이었습니다. 거실에 들어서는 순간 집안 공기가 평화롭지 않음을 느꼈습니다. 두 시간 이상 차를 타고 오느라 지쳤지만 먼저 두 아이를 품에 안고 인사를 나눈 뒤 일곱 살 큰딸에게 어찌된 일인지 물었습니다. 이유인즉 네 살 동생과 세계 여행 게임을 하는 중에 코인으로 사용되는 구슬을 서로가 더 많이 갖겠다고 싸움이 난 것입니다. 두 딸은 그 싸움으로 기분이 상했고, 남편은 딸들을 달래느라 지친 데다 놀이 후 정리되지 않은 물건을 보며 맘이 상해 있었습니다.

저는 큰딸과 방에 들어가 이야기를 나누었습니다. 안 박사님께서 다툼 뒤에 "왜 그랬니?"라고 묻는 것은 핑계를 만들 뿐이라고 하신 말씀이 떠올라 평상시와 다른 질문을 했습니다.

엄마: 동생하고 싸우니까 마음이 어떠니?

큰딸: 화나고 속상해요.

엄마: 우리 집 분위기는 어떠니?

큰딸: 안 좋아요.

그때 안 박사님의 품성식 훈계가 생각났습니다.

잘하는 것과 잘못한 것을 적는 방법인데 딸이 어려서 말로 대신했습니다.

엄마: 우리 OO가 잘하는 게 뭐지?

큰딸: 그림 그리는 거요.

엄마: 그래. 우리 OO는 정말 그림을 잘 그리지? OO 그림을 보면 정말 창의적이야. OO가 잘하는 게 또 뭐가 있지?

큰딸: 성경 암송하는 거요.

엄마: 그래, OO가 성경 암송하는 걸 보면 엄마도 깜짝 놀랄 때가 많아. 어쩜 이렇게 암송을 잘할까? 우리 하나님은 얼마나 기쁘실까? 이런 OO를 볼 때마다 '하나님이 우리 OO에게 어떤 계획을 가지고 계실까?' 하고 기대하게 돼. 하나님은 엄마와 OO를 정말 사랑하시나 봐. 지난달에 엄마가 많이 힘들어한 거 알지? 하나님은 우리를 사랑하셔서 우리가 더 하나님 모습을 닮아가길 원하셔. 그래서 우리에게 특별히 관심을 가지고 어려운 상황을 주면서 멋진 리더

로 훈련시키시는 거야.

여기까지 이야기했을 때 딸의 눈은 이미 촉촉이 젖어 있었습니다. 저는 딸을 가슴에 꼭 끌어안고 말을 이어갔습니다.

엄마: OO가 뭘 잘못했지?

큰딸: 동생하고 서로 구슬 갖겠다고 싸웠어요.

　　　장난감 정리도 안 하고요.

엄마: 언니가 어떻게 하면 좋을까?

큰딸: 미안하다고 해야 해요.

엄마: 누구에게?

큰딸: 동생 XX에게요

엄마: 또 누구에게 할까?

큰딸: 아빠한테요!

엄마: 정말 그렇게 생각하니?

큰딸: 네.

엄마: 그럼 동생한테 뭐라고 말할까?

큰딸: XX야, 미안해. 언니가 잘못했어.

엄마: 아빠한테는?

큰딸: 잘못했어요. 아빠, 용서해 주세요.

엄마: 그래, 그럼 우리 용서를 구하러 갈까?

그런데 딸이 주저하며 선뜻 일어설 용기를 내지 못했습니다.

엄마: OO야, 잘못했다고 생각하면 용서를 빌어야 하는 거야. 물론 용서

해 달라고 말하는 데는 용기가 필요하지. 예수님도 십자가를 지러 가실 때 무섭고 가기 싫으셨을 거야. 하지만 용기를 내어 십자가의 길을 가심으로써 우리에게 영원한 생명을 주신 거야.

제 말이 끝나자마자 딸은 제 품에 안겨 눈물을 흘렸습니다.

엄마: 자, 우리 용기를 내서 가 볼까?

큰딸의 손을 잡고 작은딸과 남편이 있는 침실로 갔습니다.

남편의 동의를 얻어 TV를 끄고 자리에 앉았습니다.

큰딸이 무릎을 꿇고 앉더니 동생에게 먼저 사과했습니다.

큰딸: XX야, 미안해. 언니가 잘못했어.

작은딸: 언니, 미안해. 내가 잘못했어.

둘은 부둥켜안고 서로 등을 토닥여 주었습니다.

좀 전까지 침울했던 집안에 다시 밝은 기운이 감돌았습니다. 아직은 적용하기 쉽지 않고 타이밍을 놓쳐서 아쉬울 때도 많지만 계속 의식함으로써 우리 가정 가운데, 그리고 관계 속에서 품성을 실천하고 계발하도록 노력하겠습니다.

3장

어떻게 품성 좋은 사람이 되나?

품성이 성공과 행복을 결정한다!

"참된 행복은 자기만족이 아닌 가치 있는 목적을 가질 때 얻을 수 있다."
_헬렌 켈러

Character Education

이 책의 목적은 "품성 좋은 사람을 어떻게 길러 내는가?"에 답하려는 데 있다. 플라톤은 『국가』에서 아이에게 품성을 교육할 책임이 있다고 주장한다. 주로 학교에서 좋은 품성을 만드는 요소를 심어 주어야 한다. 교사와 부모가 품성의 건축가요, 숙련공이 되어야 한다. 우리 모두 좋은 습관이나 나쁜 습관을 갖고 태어나지 않는다. 이기심, 게으름, 부정직함과 무책임 같은 것은 가정, 학교, 사회에서 배우기 쉬운 나쁜 습관이다. 더욱이 교사와 부모 자신이 학교나 가정에서 품성 교육을 받은 적이 없기 때문에 이들이 품성 교육의 필요성은 인지하고 있으나 별 대책 없이 다른 사람이 해야 한다고 발뺌하기 쉽다.

좋은 습관을 심는 데는 노력이 필요하고 우리 모두에게 가장 필요한 것이다. 19세기 영국의 작가 윌리엄 메이크피스 태커레이William Make-peace Thackeray는 이런 과정을 네 줄로 묘사했다.

생각을 심으면 행동을 얻으리.
행동을 심으면 습관을 얻으리.
습관을 심으면 품성을 얻으리.
품성을 심으면 운명을 얻으리라.

홀륭한 건축가나 예술가가 되는 것은 개인의 결단과 의지에 달려 있다. 물론 어느 정도는 타고난 재능이 중요하지만 헌신과 노력이야말로 결정적인 요소이다. 그러나 노력과 연습으로 터득한 기술만으로 홀륭한 예술가나 과학자가 될 수는 없다. 홀륭한 예술가 또는 과학자가 되려면 자신이 추구하는 목표를 향한 우수한 도덕성에 바탕을 둔 비전이 필요하다. 우리는 과학 실력이 뛰어난 황우석 교수의 사례를 보았다. 선을 바라고, 선을 느끼며, 선을 실행하려는 품성과 건강한 도덕성을 지녀야 홀륭한 과학자가 된다. 아무리 재능이나 기술이 우수하다고 해도 품성이 뒷받침되어야만 진정한 지도자로 존경받고 이웃과 사회에 선한 영향력을 미칠 수 있다.

위대한 예술가나 품성 좋은 사람이 되는 것은 개인의 책임이다. 다른 사람을 위해 해 줄 수 있는 것은 없다. 그런데 예술가는 독학으로 될 수 있으나 품성은 혼자 배울 수 없다. 품성을 계발하는 것은 사회 행위이기 때문이다. 우리는 사회 환경, 즉 인간관계의 연결망human networks 안에서 존재하고 성장한다. 물론 프랑스 사상가 루소Jean Jaques Rousseau의 견해를 근거로 성인과 멀리해야 나쁜 습관을 멀리한다고 주장하는 교육자도 있을지 모른다. 어른이 아이들에게 부패한 도덕성을 전염시키기 때문에 멀리해야 한다는 것이다.

품성 계발은 다른 사람들의 도움을 받아 자신의 도덕 요소에 각인하는 것이다. 각 개인은 자신의 인격을 세우기 위해 최상의 조각가가 된다. 품성의 예술가 또는 품성인은 발전 과정에서 타인의 도움이 필요하다. 지식, 노력, 연습과 훈련이 필요하고 격려와 칭찬, 영감을 받아야 한다. 한마디로 품성 교육이 필요하다.

1. 품성 교육은 누구의 책임인가?

얼마 전 학교 폭력이 사회 이슈가 되자 텔레비전 프로그램에서 교사 대표와 학부모 대표가 끝장 토론을 했다. 교사가 가정 교육에 대해 부모들을 질타하자 부모들은 이구동성으로 "아이들이 부모의 말을 듣지 않으니 학교에서 선생님이 제대로 가르쳐야 하지 않는가?"라고 항변했다. 그러자 교사들은 "학생들 앞에서 이미 교사의 권위는 땅에 떨어졌다."라고 맞섰다. 이런 식의 갑론을박은 아무런 해결책도 내놓지 못한다. 필자는 '책임과 권위'의 원리에 대해 교사나 부모 누구도 아이들에게 가르쳐 주지 않았으면서 권위자의 위치를 기대하고 권위 자체를 논하는 토론자들이 답답했다. 필자의 품성 교육에서는 권위와 순종을 가르쳐 놀라운 효과를 보았다.

과연 어린아이들의 품성 교육을 누가 책임지는가? 의심할 여지없이 아이들의 가족, 특히 부모가 책임져야 하며 학교, 종교 단체, 직장 및 자원 봉사 단체도 도와줘야 한다. 아이들 품성 교육의 1차 책임은 부모에게 있다. 가족이 함께 좋은 습관과 옳고 그릇됨을 판단하는 감각을 길러야 한다. 전통적으로 이웃과 지역 사회도 책임이 있다. 종교 단체 역시 윤리와 미덕을 가르치는 데 중요한 역할을 해 왔다. 정부도 시민 정신과 품성을 장려해야 한다. 품성이 좋지 않은 시민은 사회 혼란을 가져오기 때문이다. 사회 구성원 모두가 우리 아이들에게 품성을 가르칠 책임이 있다. 그럼에도 불구하고 라이언 교수와 볼린 교수는 품성 교육을 학교의 중심 사명이라고 믿고, 학교에서 품성을 가르쳐야 하는 다섯 가지 이유를 설명한다. Ryan & Bohlin, 1999: 19

첫째 플라톤, 아리스토텔레스, 칸트, 듀이, 공자, 부처 등 위대한 사상가들이 품성 교육을 옹호했다. "훌륭하고 고귀한 삶은 무엇인가?" "진정한 행복을 위해 필요한 것은 무엇인가?" "인간이 자멸에서 벗어나려면 무엇이 필요한가?" 등에 대한 답변을 봐도 품성이 중요함을 알 수 있다.

학교는 컴퓨터와 인터넷을 통해 넘쳐나는 지식과 정보를 접하는 방법을 가르치기 위해 정보 처리 기술 즉 읽기, 쓰기, 데이터 저장과 분류 등의 기술을 전수하는 데 중점을 둔다. 상황이 이렇다 보니 우리 문화의 핵심인 도덕 가치를 가르치는 일은 다른 사람에게 떠맡기는 지경에 이르렀다. 교육자들은 아이들을 도덕적 상대주의와 윤리적 마취의 늪에서 헤어나지 못하게 만들었다. 반면 고대에서 마리아 몬테소리에 이르기까지 위대한 교육자들은 선량한 사람이 되도록 가르쳐야 한다는 사실을 알았다.

둘째, 미국의 경우 토머스 제퍼슨, 제임스 매디슨, 존 애덤스, 벤자민 프랭클린 등 건국을 이끈 지도자들이 도덕 교육을 강조한 이유는 민주주의는 국민의 미덕을 요구하는 만큼 학교에서 민주 사회를 유지하는 데 필요한 시민 정신을 가르쳐야 한다고 보았기 때문이다.

셋째, 현재 미국의 50개 주는 법에 기초하여 품성을 가르치도록 교과 과정을 개정했거나 개정 중에 있다. 노던아이오와대학교University of Northern Iowa의 린 넬슨Lynn Nelson이 최근 조사한 내용을 보면 46개 주 정부는 품성 교육을 직접 또는 간접으로 실시하고 있다.

넷째, 여론vox populi을 무시할 수 없다. 미국은 대중의 의견이 사회를 움직인다. 갤럽 조사에 따르면 미국인들은 학교에 불만이 많았다. 학급의 규율과 가르침이 부족한 게 가장 큰 불만이었다. 성인의 90퍼센트 이상이 공립 학교에서 정직성97퍼센트, 민주주의93퍼센트, 다른 인종과 다른 민족 수용91퍼센트, 애국심91퍼센트, 친구와 가족 배려91퍼센트, 도덕적 용기91퍼센트와 황금률90퍼센트을 가르쳐야 한다고 주장했다. 한국의 학부모들도 같은 반응을 보일 것이다.

다섯째, 품성 교육이 필요불가결한 상황이 되었다. 제도교육권에 들어갈 수 없는 5세 이하 아이들은 부모가 인격을 가르치지 못한다. 그런데 16, 17세가 될 때까지 학교에서도 품성과 도덕 가치를 배우지 못하고 그대로인 것이다. 아이들은 3-4세가 되면 성격이 형성되기 때문에 "세살 버릇이 여든까지 간다."라고 하지 않는가? 아이들은 감수성이 예민해서 선생님과 친구와 그들이 배우는 교육 내용을 통해 생각, 느낌, 신념 등의 영향을 받는다. 학교의 가장 중요한 임무는 아이들에게 품성을 가르치는 일이다. 역사적 사실로 보나 아이들이 처한 범죄, 폭력, 마약, 학업 성취 저조 등 부정적인 사회 현상에 비추어 보나 아이들이 선을 알고 선을 사랑하며 선을 실행할 수 있도록 이끄는 데 초점을 두는 것이야말로 교육의 사명이다.

2. 미덕을 강조하여 삶의 의미를 추구

미덕 중심의 품성 계발을 위한 인성 교육은 개인 생활을 반영하고 지도하며 토론을 병합한 것이다. 미덕의 개념 없이, 선에 대해 분명한 감각 없이 개인의 지식과 능력만 추구하는 교육은 무의미하다. 인생의 목적에서 벗어난 미덕은 단순히 좋은 이상理想에 지나지 않으므로 무의미하다. '인생의 목적이 무엇인가?'라는 질문은 추상적이지만 인류 역사를 통해 많은 철학자, 신학자, 작가와 위인이 문화와 계층을 초월하여 던진 물음이다. 이 질문은 시간을 어떻게 보낼 것인가부터 가정과 직장에서 행하는 모든 행동을 지시하는 것이라고 할 수 있다. 그 대답은 역시 우리의 교육 노력을 말하는 것이다. 그러나 한국의 학교에서는 궁극적인 인생의 목적에 관한 질문은 다루지 않는다.

최근 필자는 '세계의 경영인CEO of the World'으로 잘 알려진 잭 웰치Jack Welch GE, General Electric 전 회장의 강연을 직접 들을 기회가 있었다. 기업에서는 각 부분별 최고 책임자를 일컫는 약자를 사용한다. CEOChief Executive Officer, 최고 경영자, CFOChief Financial Officer, 최고 재무책임자, COOChief Operation Officer, 최고 운영책임자 등인데 웰치 회장은 최근 2년여 동안 최고 경영자든 중소기업 사장이든 어느 단체장이든 CMO가 되라고 가르친다. CMO란 Chief Meaning Officer, 즉 회사의 목적과 사명의 '의미를 깨우쳐 주는 최고 경영자'다. 목적의 의미를 모르는 직원은 비생산적이고 기계적인 따분한 노동만 반복하기 때문이다.

마찬가지로 인생의 목적을 다루지 않는다면 잘못된 교육이다. 이 질문에 대한 일관된 답은 행복과 번영 또는 웰빙이다. 네덜란드에서 태어난 유대인 17세기 철학의 거장 스피노자Baruch Spinoza가 "모든 사람이 인생에서 바라는 것은 참된 행복이다."라고 말했듯이 인생의 궁극적인 목적은 행복 추구다. 19세기 말 미국의 실용주의 철학자이자 심리학자인 윌리엄 제임스William James는 "행복을 어떻게 얻고 어떻게 간직하며 어떻게 회복하는가? 이것은 인류가 행하는 모든 것의 숨은 동기다."라고 주장했다. Ryan & Bohlin, 1999: 40

'행복은 무엇인가?', '무엇이 행복을 가져오는가?', '웰빙은 무엇인가?', '인간으로서 잘 산다는 것은 무엇인가?' 등 인간의 궁극적인 질문은 2400여 년 전의 아리스토텔레스로 거슬러 올라간다. 아리스토텔레스는 품성의 변화를 세 가지 형태로 보았다. 첫째는 인간이 궁극적으로 추구하는 '목표goal, *telos*'이며, 둘째는 그 목표인 품성에 이르는 발판인 '미덕'이고, 셋째는 미덕을 습관화하여 제2의 본성nature인 품성으로 변화시키는 '도덕적 훈련 과정'을 거치는 것이다. 아리스토텔레스가 말하는 특별한 목표는 인간의 '행복과 번영eudaimonia, happiness or flourishing'이다. 인생 궁극의 목표인 행복과 번영은 미덕을 생활에서 습관화하여 완벽한 품

성을 지닌 사람이 되는 것이다.Wright, N.T., 2012, 33-34

대다수의 사람들은 행복과 번영이라고 하면 물질이 풍족한 좋은 가정, 만족하는 직업 또는 건강을 떠올릴 것이다. 종교생활을 행복의 기준으로 보는 사람도 있다. 사람마다 궁극적인 목적이 다를 수 있지만 목적을 성취하는 수단이 다른 사람 간에도 공통된 일치점이 있다. 신실한 기독교인이든 무신론자든 가난한 사람을 잘 돌보고 배려하며 다른 사람의 권리를 존중해야 한다는 것에는 모두 동의한다는 사실이다. 한 나라의 시민으로서 공동의 선을 발전시키는 도구가 되는 도덕 기준과 미덕에 항상 동의한다. 철학이나 종교가 아주 다른 사람이나 그렇지 않은 사람이나 지역 사회에서 다함께 조화를 이루며 사는 데 필요한 가치를 아이들에게 가르치도록 의견의 일치를 봐야 한다는 점이 공공 교육의 기본 핵심이다.

우리는 같은 공동체로서 정의, 책임, 용기, 자애심 같은 핵심 미덕에 동의할 수 있다. 그러나 인생의 목적을 분명히 붙잡는 일이 남아 있다. 왜 열심히 공부해야 하는가? 왜 좋은 가정을 만들어야 하는가? 왜 만족스러운 직업을 가져야 하는가? 이런 질문에 대해 궁극적 답을 붙잡지 못하면 성인은 물론이고 아이들까지 삶의 보람과 의미를 잃고 방황한다. 청소년들은 내면의 깊은 고통, 고독, 절망, 분노에서 탈출하기 위해 면도칼이나 담뱃불로 자해하기도 하는데, 인생의 목적을 찾지 못한 채 삶의 방향을 잃었기 때문이다. 그러므로 교사들이 학교에서 삶의 목적이 없는 지식만 가르치는 것은 무익한 일이다.

최근 들어 청소년 자살률이 높아지고 있는데 특히 부유층 아이들이 자살하는 이유, 연예계 인기인들이 자살하는 이유는 소속감을 얻지 못하는 것뿐만 아니라 삶의 목적을 찾지 못하기 때문이다. 어른들이 이 문제에 대한 답을 채워 주지 못하면 젊은이들은 혼자 힘으로 해결하려다가 결국 마약, 술, 인터넷 게임, 향락 행위 등에 의지하고 만다.

물론 공교육을 하는 학교에서 특정한 가치나 목적을 가르치는 것은 곤란하지만, 인류가 공통으로 동의하는 보편화된 삶의 목적과 행복의 의미를 깨달을 수 있는 지혜는 가르쳐야 한다. '행복을 추구하는 것'이 좋은 시간을 보내고 즐기는 기분이나 고통과 시련에서 해방된 삶을 사는 것이 아님을 분명히 가르쳐야 한다. 진실로 선하고 좋은 것이 무엇이며 이 목적을 위해 시간, 에너지, 노력을 쏟아부을 가치가 있음을 가르쳐야 한다. 빅터 프랭클Victor Frankl [5]의 말을 빌리면 '행복해야 하는 이유'를 발견할 필요가 있다.

3. 미덕과 웰빙의 관계

미덕의 영어 단어 virtue는 라틴어 *vir*에서 파생된 'force, 힘' 또는 'agency, 매개체'라는 의미가 있다. 라틴어에서 *virtus moralis*는 헬라어

---

[5] 빅터 프랭클(Victor Frankl, 1905-1997)은 오스트리아에서 태어난 유대인으로 600만 유대인의 생명을 앗아간 나치의 강제수용소에서 살아남아 훗날 '로고 세러피'라는 치료 요법을 만들어 낸 정신과 의사다. 저서로는 『삶의 의미를 찾아서』가 있다.

arête ethike, 즉 '도덕의 미덕' 혹은 '품성의 탁월함'과 동의어가 되었다. 헬라어의 *arete*는 'excellence, 탁월함 · 최고'라는 뜻이다. 소설가 펄 벅Pearl Buck은 "일에서 기쁨을 얻는 비밀은 '탁월함'이라는 한마디에 포함되어 있다. 어떤 일을 잘하는 방법은 그것을 즐기는 것이다."라고 말했다. 미덕은 일을 더 잘하게 하고 결과적으로 그 일을 더 즐기게 한다. 미덕은 더 좋은 부모가 되게 하고, 더 좋은 교사가 되게 하며, 더 좋은 학생, 더 좋은 친구, 더 좋은 동료, 더 좋은 배우자가 되게 한다. 미덕이 견해나 가치와 다른 점은 개인의 내면에서 계발되고 실제로 품성과 지성을 개선한다는 점이다. 견해는 단순히 지적인 주장이며, 가치는 도덕적인 헌신도 세우지 않고 좋은 삶으로 이끄는 약속도 하지 않는다. 부언하자면 견해나 가치와 다르게 미덕은 수동적이지 않다. 미덕은 생각하고 느끼며 행동하도록 하는 성향 기질과 이를 실행하는 것을 말한다. 더욱이 미덕은 행복의 목적과 수단이 된다. 수단으로서 미덕은 우리의 책임을 더 품위 있고 우아하게 하는 습관과 성향 기질을 말한다. 헤밍웨이는 용기의 미덕을 '압력 아래의 은혜grace under pressure'라고 설명했다. 목적으로서 미덕은 친절, 용기, 지혜, 자비, 책임 등 인간이 추구할 가치가 있는 이상理想을 말한다. Ryan & Bohlin, 1999

헬렌 켈러는 많은 사람에게 힘을 돋우는 빛을 비추어 주었다. 인생의 목적은 온전한 인간이 되는 것, 즉 각자 자기 상황에서 선을 추구하는 능력을 갖는 것이다. 헬렌 켈러는 "많은 사람은 진정한 행복에 대해 잘못 생각하고 있다. 행복은 자기만족으로 얻는 것이 아니라 가치 있는 목적에 충실함으로써 얻을 수 있다."라고 명료하게 설명했다.

앞에서 라이언 교수는 품성 교육이란 "선을 알고, 선을 사랑하고, 선을 행하도록 돕는 노력"이라고 정의했다. 간략히 말하자면 품성 교육은 흠이 없는 전인격체, 즉 지성과 도덕적 품격을 갖추며 성장하도록 도와주는 것이다. 그래서 학생들이 선, 즉 인생에서 무엇이 옳은 것이고 무엇이 참된 것이며 가치 있는 것인지를 놓고 씨름할 수 있게끔 가르쳐야 한다. 학생들이 선하고 지적인 판단을 할 수 있는 지식을 계발하여 인생에서 경쟁적이며 매력적인 선택을 잘하는 법을 배우도록 돕는 것이 필요하다. 동시에 학생들이 선을 사랑하는 것, 즉 다른 사람의 필요에 관심을 갖고, 헌신한 일에 진실을 다하며, 주어진 일을 제대로 감당하고, 진정한 우정을 포함하여 그 우정을 얻는 데 필요한 습관을 기르게 도와야 한다. 선을 사랑하는 것은 학생들의 느낌과 열정을 교육하는 일이다. 단순히 성적 때문이 아니라 배움을 위해 숙제하는 것을 배우게 하는 것이다. 도덕적 성숙은 결국 선한 삶을 사는 것이다. 우리는 선을 행하고 의무를 다해야 한다. 교사는 선을 행하는 것이 기본이라는 사실을 깨닫도록 학생들을 도와줘야 한다.

펄 벅은 "당신이 실제로 느끼지 않는 것을 억지로 느낄 수는 없다. 그러나 당신의 느낌과 상관없이 올바른 일을 스스로 할 수 있다."라고 통찰력 있는 말을 했다. 미덕을 키우는 것은 힘든 일이다. 후덕함을 기르려면 우선 후덕함의 필요성을 눈으로 보거나 가슴으로 느껴야 한다. 그런 후에 이기심이나 게으름과 싸울 필요가 있다. 마지막으로 우리는 후덕한 일을 실천해야 한다. 한 번의 후덕한 행동이 후덕한 사람을 만들지는 않는다. "어떻게 해야 미덕을 갖춘 사람이 되는가?"라는 질문에 아리스토텔레스는 "사람은 미덕을 행함으로써 덕망 있는 사람이 된다."라고 말한다.

학생들에게 미덕을 세워 주려면 우선 사회의 도덕 기준과 이상을 소개해야 한다. 이를 공통의 도덕 가치라고 한다. 클락대학교 철학과의 크리스티나 호프 소머스Christina Hoff Sommers 교수는 도덕 가치를 가르치는 이유를 다음과 같이 설명한다.

> 우리는 자연 환경에서 태어나는 것과 마찬가지로 도덕 환경인 가정, 학교, 사회 등에서 태어난다. 맑은 공기, 안전한 식품, 신선한 물 같은 기본 환경이 필요한 것처럼 기본 도덕이 필요하다. 정중한 예절, 정직, 배려, 자제력 없는 사회는 어떻겠나? 다른 사람을 배려하고 존중하지 않는다면 우리 사회는 어떻게 되겠는가? 우리는 도덕 환경을 존중하고 보호해야 한다. 우리 아이들에게도 도덕 환경을 숙지시켜야 한다. 도덕 환경이 귀중하고 무너지기 쉬운 것임을 아이들에게 인식시켜야 한다. 모든 가치 있는 문명이 발견한 윤리적 이상ideals의 표준이 있음을 가르쳐야 한다. C.H. Sommers, "Are We Living in a Moral Stone Age?" Imprimis, 27(3): 4 따라서 공교육 기관은 평화롭게 살아가는 데 필요한 도덕 가치와 기준을 확실히 가르쳐야 한다.

영국 옥스포드대학교 교수이
며 20세기 최고 문학가인 루이스

C.S.Lewis,1898-1963 는 현대는 물
론 고대의 세상 문화가 도덕 원리
와 가치를 공유했는지 밝히기 위
해 다양한 문화와 윤리 제도를 연
구했다. 힌두교, 이집트, 헬라, 로
마, 아메리카 원주민, 불교, 바벨
론, 기독교, 히브리 등의 역사와

❘ 우리 아이들의 가치관은 건강한가?

경전을 연구한 결과 모든 사회와 문화가 지속된 이유는 그들이 공유해
온 한 가지 길이 있었기 때문이라는 결론을 얻었다. 문화마다 다른 기준
과 가치에 역점을 두기는 했으나 공동의 핵심 가치가 있었다. 루이스는
이 공동의 길을 기원전 6세기 노자老子, Lao-tzu의 용어에서 빌려 도道, Tao
라고 칭했다.

　루이스는 1947년 저서『인류의 폐지: 교육은 인간의 도덕 감각을 어떻
게 개발하는가』The Abolition of Man: How Education Develops Man's Sense of Moral-
ity 부록에서 공동으로 사는 방법을 위한 도덕 원리와 가치를 다음과 같이
열거했다.

　　① 인간의 친절함은 사회가 충분히 기능을 다하는 데 필요한 요소다.
　　② 우리는 부모와 가족들의 특별한 사랑과 충성, 지원에 빚지고

있다.

③ 우리는 차세대 특히 아이들과 특별한 관계다.

④ 결혼한 부부는 일정한 권리와 책임을 갖는다.

⑤ 정직성은 이 사회가 제대로 기능하기 위해 필요하다.

⑥ 우리는 가난한 자, 병든 자, 불우한 자를 도울 의무가 있다.

⑦ 어느 조직 사회나 기본 재산권이 있어야 한다.

⑧ 죽음보다 나쁜 것은 다른 사람을 배반하고, 살인하며, 변절하고,
고통을 주는 것이다.

⑨ 우리에게 다가오는 필연적인 죽음은 인생을 어떻게 보는가에 영
향을 미치고, 후세대와 나눈 약속과 더불어 삶의 의미를 준다.

이러한 도덕 가치와 원리를 학생들이 알게 하고, 사랑하게 하며, 행하
게 하는 선을 우리가 만드는 것이다. 이러한 원리대로 살아가려면 미덕
이 필요하다. 품성 교육은 겉치레나 잠깐 스쳐 지나가는 유행이 아니다.
품성 교육은 인간의 삶을 발전시키는 데 필요한 미덕과 도덕 가치를 연
마하도록 확실히 가르쳐야 하는 사회의 임무다.

4. 교과 과정에 융합한 품성 계발 교육

1985년부터 2001년 사이에 미국 교육성에서 '최우수상Blue Ribbon

Awards'을 받은 150여 미 전역의 공사립 초중학교의 대부분은 품성 교육을 성공적으로 실시했다. 이들 최우수 학교 중 약 40퍼센트는 정직, 친절, 신뢰, 공정, 책임, 협동, 존중 등의 품성 교육을 사회생활 과목에 통합하여 가르친다고 보고했다. 또한 다른 학교들은 '이달의 미덕' 또는 '금주의 미덕'과 같은 현수막을 전시하는 등 품성을 강조하여 가정에서도 실천하도록 학부모들에게 동참을 유도했다.Murphy, 2002 품성 교육 과정은 보편적 가치, 사고력 습득, 옳고 그름의 분별력, 자존감 계발, 목표 세우기, 나눔, 인내, 시간 관리, 재정 관리, 식탁 예절, 준법 정신과 타인 존중, 갈등 해결 등에 중점을 두었다.

영국 교육 당국이 종교 과목을 학교 교과에서 제외할 것을 검토하자 실제로 제외하지는 않음루이스는 수학을 학교 교과에서 제외한 결과 상점에서 점원이나 손님들이 거스름돈 계산을 잘못하여 사회 혼란이 발생했다는 은유를 들어 사회의 교육 시스템과 사회 발전 또는 퇴보 사이에는 인과응보의 직접적인 관계가 있다고 설명했다. 루이스의 수학 이야기를 20-30년 전 학생들에게 '도덕 가치를 강요'하지 말고 품성 교육을 다른 사람에게 맡기도록 결정한 미국 학교에 비유해 볼 수 있다. 미혼모 출산, 마약 복용, 살인, 자살, 부정 행위, 폭력 등 미국 학생의 현실은 우리가 최선의 도덕 원리와 미덕을 교육 현장에 심는 데 실패한 결과로 생긴 일인 만큼 놀라울 것이 없다. 한국 교육도 마찬가지다. 도덕과 품성 교육을 무익한 교과로 전락시킨 결과이니 인과응보다.

미덕과 품성을 갖춘 사람은 높은 윤리 기준에 따라 산다. 윤리란 무엇인가? 알베르트 슈바이처Albert Schweitzer 박사는 다음과 같은 정의를 내린다. "좋은 행동을 위해 우리의 관심에 부여하는 명칭이다. 우리는 나 자신의 복지뿐만 아니라 타인의 복지와 전 인류의 복지를 고려해야 할 의무를 느낀다." 자유 사회에서 지도자와 국민은 국가를 위해 최선을 다하는 데 헌신한다.Kevin Ryan and Karen E. Bohlin, 1999

5. 문학독서를 통한 품성 교육

오래 전 한국에서 독서 교육으로 상당한 인지도가 있는 분이 필자를 찾아왔다. 시청과 구청에서도 인정하여 그분이 운영하는 지역아동센터가 지원금을 받았지만, 아이들의 말과 행동이 달라지지 않아 고민하다가 필자에게 배운 품성을 접목시켜 지식 위주의 독서에서 품성을 융합한 독서로 바꾸었더니 아이들이 달라지기 시작했다고 했다.

미국에서는 교과 과정에 융합하는 품성 교육과 함께 상당수의 '최우수 학교'가 우수 도서를 이용한 품성 계발을 중요시하여 품성 독서를 실시하고 있다. 품성 교육 전문가들은 독서가 도덕과 윤리의 가치와 판단에 대한 관심을 불러일으킨다는 데 동의한다.Ryan and Bohlin, 1999; Vincent, 1994 품성에 관한 이야기책은 돌봄, 배려, 용기, 우정, 정직, 애국심 같은 미덕을 고취함으로써 아이들이 학교와 가정에서 일상생활을 통해 적용하도록 이끈다. 품성 교육 주창자로서 미국 레이건 대통령 정부의 교육성 장관1985-1988을 지낸 윌리엄 베
넷William J. Bennett 박사가 펴낸『미덕의
책』The Book of Virtues, 1993 , 『어린이용
미덕의 책』The Children's Book of Virtue,
1996 등은 도덕 품성의 가치를 다룬
짧은 이야기를 모은 책으로 베스트셀러에 오르는 한편, 학교 교사와 학
부모의 품성 교육의 필독서가 되었다. 이 책의 "학습자 편"에서도 품성
계발을 위해 각 주제에 따른 미덕의 이야기를 읽고 소감을 적도록 했다.

아하, 그거였구나!

김O순(교사)

처음에는 그냥 유초등부 교사와 어린이집 교사들은 교육을 받아야 한다고 하니까 '품성? 그것하고 성품이랑 같은 의미가 아닌가?' 하는 의문을 품고 반신반의의 자세로 첫 수업에 들어갔습니다.

'안 교수님 말씀의 핵심은 무엇일까?'라는 생각을 했는데 수업이 이어지면서 '아하, 그거였구나!' 하고 무심하게 지나쳐 버렸던 것들의 중요함을 깨달았습니다. '내가 경청이란 말은 알면서도 실행으로 옮기지 못했구나. 아이들의 이야기에 귀 기울여 들어주지 못했구나. 늘 내가 먼저였구나. 마음속으로는 부모님께 감사하면서도 표현하지 못했구나. 내 삶에서 소중하지 않은 것이 없으며 지금의 내 자리에서 뒤돌아보니 나에게도 감사한 일이 많구나. 이제 내 가정에, 내 직장에, 내 아이들에게 내가 먼저 모범이 되는 품성을 갖추면서 아이들을 가르칠 수 있겠구나.'라는 생각이 들었습니다.

아침이면 내가 먼저 일어나서 모든 준비를 마치고 남편과 아이들을 깨우기 시작합니다. 오늘은 4월의 첫날이니만큼 기분 좋게 아이들을 깨우기 시작했습니다. 큰딸에게 다가가서 머리도 쓰다듬고 엉덩이도 토닥거리고 뽀뽀도 하면서 일어나라고 하니 옆에 있던 작은 아이도 꿈틀거립니다.

잠에서 깬 아이들의 이야기를 모두 들어주고 나서 "그래, 이젠 엄마 아빠도 너희도 모두 나가야 하니까 조금 서두르는 것이 어떨까? 아침은 먹고 가야 하지 않을까?"라고 하니, 아이들도 "엄마, 지금 몇 시야? 늦겠다. 우리 얼른 서두를게."라고 하면서 다른 날보다 일찍 준비하는 것이었습니다.

그래서 아이들에게 말했습니다. "얘들아, 엄마가 토요일마다 품성 교육을 배웠잖아. 칭찬할 때는 조금 더 구체적으로 하라고 하시더라. 그래서 오늘은 너희에게 '솔선'이란 칭찬을 해 주고 싶어. 솔선이란 '할 필요가 있는 일을 인식하여 남보다 먼저 모범을 보이는 것'이야. 아침에 엄마가 너희 이야기를 경청했더니 너희는 솔선하여 씻는 일이며 옷 입는 거, 아침 먹는 것까지 모두 알아서 했지. 그랬더니 우리의 아침 준비가 일찍 끝났고. 그래서 엄마는 너희 둘에게 칭찬해 주고 싶어. 참 잘했어요."

품성 교육은 다른 사람이 아닌 바로 나 자신을 위해서도 필요한 것이다. 모든 것이 나에게 행복으로 웃음으로 사랑으로 신뢰로 다가오는 것을 느끼기 때문이다.

4장

품성의 기본 덕목과 이론

품 성 이 성 공 과 행 복 을 결 정 한 다 !

"대부분의 미덕은 좋은 습관으로 이루어진다."
—윌리엄 팔러

Character Education

1. Character Counts!의 품성 6대 기둥

Character Counts!는 품성 좋은 사람을 다음과 같이 구체적으로 정의한다. 훌륭한 사람이며, 남이 우러러보며, 칭찬할 만하며, 옳고 그릇된 것의 차이를 알며, 항상 바른 일을 하려고 하며, 모든 사람에게 모범을 보이며, 이 세상을 더 살기 좋게 만들며, '품성 6대 기둥six pillars of charac-ter'인 신뢰성trustworthiness, 존중심respect, 책임감responsibility, 공정성fair-ness, 배려심caring, 시민 정신citizenship에 따라 사는 사람이다. 품성 6대 기둥 원리에 의한 측정은 부록 참조

신뢰성Trustworthiness: 불신distrust
의미: 믿고 의지할 만한 바탕이나 성질

비슷한 덕목

청렴integrity

- 실행할 일
- · 자신의 신념을 굳게 세우자.

· 자신의 양심을 따르자.

· 명예를 지키고 마음을 곧게 하자.

· 남의 말에 상관없이 자신의 원칙을 따르자.

· 옳은 일을 행하고 힘든 대가를 치르더라도 새것을 시도하는 용기를 갖
  자.

· 자신의 명성을 세우고 지키자.

- **금지할 일**

· 잘못된 일은 어떤 것도 하지 말자.

· 실패하거나 원하는 것을 얻지 못해도 실망하지 말자.

정직honesty

- **실행할 일**

· 오직 진실만 말하자.

· 성실하자.

· 바르고 솔직하자.

· 거짓말하지 말고 훔치지 말자.

· 비열한 술책으로 기만하지 말자.

믿음직함reliability

- **실행할 일**

· 약속을 지키자. 말하고 헌신한 것의 명예를 지키자.

- 신뢰를 주자.

- 마땅히 할 일을 행하자.

- 빌린 것은 돌려주자.

- 빚을 갚자.

- 약속과 시간을 잘 지키자.

충성loyalty

- 실행할 일

- 가족, 친구, 학교, 나라를 지원하고 보호하자.

- 좋은 친구가 되자.

- 나를 돌보는 사람에게 유의하자.

- 나를 믿는 사람들의 비밀을 지키자.

- 금지할 일

- 신뢰를 배반하지 말자.

- 친구의 마음을 상하게 하지 말자.

- 남이 나를 좋아하게끔 하기 위해 무엇이든 하지 말자.

- 친구에게 어떤 잘못을 하도록 부탁하지 말자.

- 남에게 상처 줄 수 있는 험담을 하지 말자.

존중심Respect : 무시disrespect

의미: 높여서 중하게 여김

비슷한 덕목

황금률golden rule

- 실행할 일
  - 내가 대접받고자 하는 대로 남을 대접하자.
  - 모든 개인의 존엄성 및 사생활과 자유를 존중하자.
  - 상대방이 나에게 무엇을 할 수 있든 없든 모든 사람을 가치 있게 여기고 경의를 표하자.
  - 남의 재산을 소중히 여기고 사용하도록 허락받은 물건은 잘 간수하고 허락 없이 남의 물건을 갖거나 사용하지 말자.
  - 다른 사람의 자율성을 존중하자. 그러나 다른 사람이 그의 인생을 위해 좋은 선택을 하려면 무엇을 알아야 하는지 말해 주자.
- 금지할 일
  - 다른 사람을 이용하거나 조종하지 말자.
  - 타인을 악용하거나 품위를 떨어뜨리거나 학대하지 말자.

관용과 수용함tolerance and acceptance

- 실행할 일
  - 인종, 종교, 성별, 거주지, 의상, 재력에 상관없이 그 사람의 품성과 능력, 행동으로 판단하자.
  - 나와 다른 사람들을 용납하고 존중하며 받아들이자.

· 다른 사람의 말을 잘 듣고 견해를 잘 이해하도록 노력하자.

- 금지할 일

· 외모나 지위, 경제 수준을 보고 그 사람을 판단하지 말자.

· 남의 입장을 생각하지 않고 나의 주장만 하지 말자.

비폭력nonviolence

- 실행할 일

· 의견 차이를 해결하고 모욕을 주는 언행에 대응하지 않으며 분노를 폭력 없이 평화적으로 해결하자.

- 금지할 일

· 내가 원하는 것을 얻기 위해 화를 내거나 협박 또는 무력을 사용하지 말자.

정중함courtesy

- 실행할 일

· 좋은 매너를 보이자.

· 모든 사람에게 정중하고 공손하며 예의를 다하자.

- 금지할 일

· 다른 사람을 모욕하거나 조롱하지 말자.

책임감Responsibility : 믿을 수 없음unreliability

의미: 맡아서 마땅히 행해야 하는 의무나 임무

비슷한 덕목

의무duty

- **실행할 일**
- · 나 자신의 임무를 알고 행하자.
- · 나의 법적 · 도덕적 책임을 감당하자.

책무accountability

- **실행할 일**
- · 나 자신이 행한 것뿐 아니라 하지 않은 것에 대한 선택의 결과에 책임을 다하자.
- · 행동하기 전에 나 자신과 다른 사람들에게 미칠 결과를 생각하자.
- · 장기적인 안목으로 생각하자.
- · 나 자신이 더 잘할 수 있는 일을 하자. 좋은 모범을 보이자.

탁월함 추구pursue excellence

- **실행할 일**
- · 최선을 다하자. 참고 견디자.

· 포기하지 말자.

· 항상 준비하자.

· 부지런하게 열심히 일하자.

· 자신이 행하는 모든 일을 자랑스럽게 하자.

자제력self-control

- 실행할 일

· 나 자신의 삶을 관리하자. 현실적인 목표를 세우자.

· 긍정적인 태도를 갖자.

· 나 자신의 건강, 감정, 시간과 돈에 대해 신중해지고 자기 수련을 하자.

· 합리적이며 이성적으로 행동하자. 화를 내거나, 복수를 하거나 두려워하는 대신 도리
  에 맞게 행동하자

· 나 자신이 행할 권리와 옳은 일이 무엇인지 그 차이를 알자. 스스로 독
  립하자. 남에게 기대지 않도록 나 자신의 삶을 잘 관리하자

· 가능한 한 빚지지 말고 살자.

공정성Fairness : 편견prejudice
의미: 어떤 일을 판단할 때 어느 한쪽으로 치우치지 않은 공평하고 올바른 자세

비슷한 덕목

정의justice

- 실행할 일

· 공평하고 정당하게 행동하자. 사람들을 동등하게 대하자.

· 편애하거나 편견 없이 결정을 내리자. 벌을 줄 때는 잘못에 대한 결과가 일관성 있고 근거가 확실하며 균형 있게 하자. 너무 심하게 하지도 말고, 그렇다고 너무 적당히 봐주지도 않도록 하자

- 금지할 일

· 공평한 자기 몫보다 더 갖지 말자.

· 불공평하게 남을 이용하거나 비난하지 말자.

열린 마음open-minded

- 실행할 일

· 열린 자세로 치우치지 말자. 나 자신이 결정하기 전에 남이 해야 할 말을 깊이 생각하자.

· 신중하자. 결정을 내리기 전에 특히 남을 탓하거나 책망할 때는 반대편의 견해를 포함하여 모든 진상을 파악하자.

배려심Caring: 무관심unconcern

의미: 여러 가지로 마음을 써서 보살피고 도와줌

비슷한 덕목

타인에 대한 관심 concern for others

  - 실행할 일

· 자애심을 갖고 감정 이입을 하자.

· 친절과 사랑으로 잘 이해하자.

· 다른 사람이 나에게 베풀어 준 것에 고마운 마음으로 감사를 표현하자.

· 남의 결점을 용납하자.

  - 금지할 일

· 심술궂거나 잔인하거나 무감각하지 말자.

자선 charity

  - 실행할 일

· 측은히 여기고 이타적이 되자.

· 칭찬이나 사례 때문이 아니고 남의 삶을 더 좋게 만들기 위해 조건 없이
  돈, 시간, 지원, 편의를 제공하자.

시민 정신 Citizenship : 비시민성 non-citizenship
의미: 시민으로서 지녀야 하는 가치관, 행동, 생각, 태도나 자세

비슷한 덕목

자신의 몫을 행하라do your share

- 실행할 일

· 훌륭한 시민으로서 좋은 이웃이 되자.

· 공동의 유익에 관심을 갖고 추구하자.

· 자원봉사자가 되자. 학교와 지역 사회 발전을 위해 더 청결하고 안전해지도록 협력하자.

· 자원을 절약하고 공해와 오염을 줄이며 자신의 뒤를 깨끗이 하도록 환경을 보호하자.

· 나 자신의 의사를 표시하고, 투표에 참여하며, 위원회에 참여하고, 잘못된 것을 보고하며, 세금을 냄으로써 더 좋은 사회가 되도록 참여하자.

권위와 법을 존중하라respect authority and the law

- 실행할 일

· 규칙을 따르자.

· 부모, 선생, 코치나 그 외 권위자에게 순종하자.

· 정당한 법과 질서를 지키고 민주주의 원칙을 준수하자.

2. 품성 교육의 철학과 좋은 품성의 원리

좋은 품성은 다음과 같은 품성 교육의 철학에 바탕을 둔다. 좋은 생각 good thinking을 하면 좋은 행동good acting을 하고, 좋은 행동을 하면 좋은 습관good habits이 생기며, 좋은 습관이 생기면 좋은 느낌good feeling이 생기고, 좋은 느낌이 생기면 좋은 품성good character을 갖춘 인격자가 된다.

생각→행동→감정의 과정을 통해 긍정 또는 부정의 행동 관리

좋은 생각→좋은 행동→좋은 습관→좋은 느낌=품성 좋은 인격자

리코나 교수의 저서 *Educating for Character*에 나타난 품성 계발 모델은 좋은 품성이란 도덕 인지, 도덕 감성, 도덕 행위의 결합이라고 정의한다.Lickona, 1991 필자는 이 모델을 적용하여 좋은 품성은 이 세 가지 영역이 서로 교차하는 지점이라고 보고 다음과 같은 도표로 정리했다.

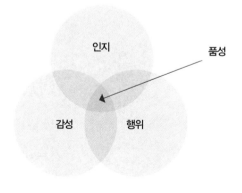

· **도덕 지식**moral thinking: 인지력, 가치관, 논리, 견해, 자아인식, 지혜

· **도덕 행동**moral acting: 역량, 적성, 의지, 결단, 헌신, 습관

· **도덕 감정**moral feeling: 양심, 자존감, 감정이입, 사랑, 자제력, 겸손

이처럼 간단하지만 보편화된 철학 개념은 육체적·지성적·사회적·

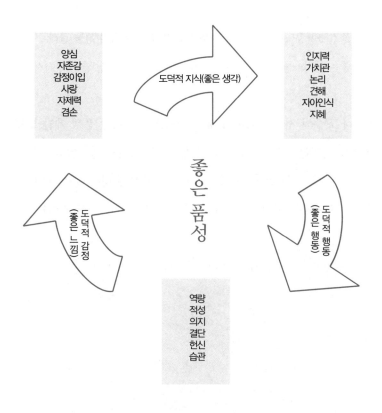

정서적으로 영향을 미친다. 그래서 품성 교육은 학업 성취 · 행동 변화 · 품격 높은 인성을 통해 성공과 행복으로 이끈다.

"당신이 선한 행동을 하면 기분이 좋아지고,
나쁜 행동을 하면 기분이 나빠진다."

_에이브러햄 링컨

3. 리코나 교수의 10가지 주요 미덕Essential Virtues[6]

좋은 품성을 위해 가장 필요한 미덕은 다음과 같다.

① 지혜wisdom는 최고의 미덕이며 다른 모든 덕행을 이끈다.

② 정의justice는 모든 사람의 권리를 존중하는 것이다. 정의는 나 자신의 권리와 존엄성을 합당하게 존중하는 자존감을 포함한다.

③ 강인함fortitude은 어려움에 직면했을 때 올바른 일을 하도록 해 준다. 강인함이란 힘든 일을 극복하거나 견뎌내는 내면의 힘이다. 강인함의 덕행은 용기, 탄력성, 인내, 참을성, 지구력, 불굴의 정신, 건강한 자존감 등이 있다.

④ 자제력self-control은 우리 자신을 다스리는 능력이다. 자제력을 발

6　Thomas Lickona, *Character Matters*, 2004: 8~11.

휘하면 기질을 억제하고 감각 욕구나 정욕을 다스릴 수 있으며 합법적인 쾌락을 적당히 추구할 수 있다.

⑤ 사랑love은 정의를 초월한다. 공평함이 요구하는 것보다 더 많은 것을 준다. 사랑은 다른 사람을 위해 기꺼이 희생하는 마음이다. 감정이입, 자비, 친절, 후함, 섬김, 충성나라를 위하는 가장 고귀한 마음이 사랑이다 등이 사랑의 품성이다.

⑥ 긍정의 태도positive attitude는 소망, 열심, 융통성, 유머 감각 같은 품성이다. 에이브러햄 링컨은 "대부분의 사람은 마음먹기에 따라 행복해진다."라고 말했다.

⑦ 열심히 일함hard work은 솔선, 근면, 목표 설정과 자원력 등을 포함한다.

⑧ 청렴integrity은 도덕 원리에 결부된 것으로 도덕 양심에 충실하고 약속을 지키며 신념을 굳게 지키는 것이다. 청렴은 흠이 없는 온전한 것으로 모순보다는 일관됨을 의미한다. 청렴은 다른 사람에게 진실을 말하는 정직과는 다르다. 청렴은 진실을 자기 스스로에게 말하는 것이다. 조시 빌링스Josh Billings는 "가장 위험한 기만은 자기기만이다."라고 말했다.

⑨ 감사gratitude는 "사랑처럼 감정이 아니고 의지의 행위다." 앤 허스테드 블레이의 말이다. 우리가 사랑을 선택하는 것처럼 감사 역시 선택하는 것이다. 감사는 행복한 삶의 비결이다.

⑩ 겸손humility은 모든 도덕 생활의 기초로서 불완전한 것을 인식하

고 더 나은 사람이 되도록 인도한다. 겸손이란 다른 사람의 관심과 환호의 박수를 기대하지 않고 섬기는 능력이다. 겸손은 자신의 잘못과 실패에 대해 다른 사람 탓으로 돌리기보다는 책임을 지고 사과하며 고치는 자세다.

3.1. 품성의 양면성

이상의 10가지 덕목은 아리스토텔레스가 말한 대로 '올바르게 행동하는 삶'이라고 볼 수 있다. 이러한 품성은 양면성이 있는데, 다른 사람과의 관계에서 올바른 행위와 본인과의 관계에서 올바른 행위가 다르다. 타인에 대한 품성의 덕목은 공정함, 정직함, 감사와 사랑 등이며 자신에 대한 품성의 덕목은 강인함, 자제력, 겸손, 포기 또는 게으름 대신 최선의 노력을 하는 것 등이다.

아이와 친구에게 바로 적용했는데

김O순(교사)

XX어린이집과 인연이 되어 경청, 순종, 감사, 진실성 등 영유아 품성 교육을 받았습니다. 오늘은 학교에서 늦게 돌아온 작은 아이에게 품성 칭찬을 했습니다. 학교도 멀고 힘든데 '인내'하며 앞날을 위해 열심히 노력하는 모습이 자랑스럽다고 했습니다. 아이는 쑥스러워하며 당연히 할 일을 했을 뿐이라고 하더군요. 품성 교육을 받으며 감정 표현이 얼마나 중요한지 깨달았습니다.

피와 살이 되도록

강O한(재소자-OO교도소)

그저 돈에 눈이 멀어 내 딴에는 열심히 살았다고 자부했습니다. 남의 탓, 이기적, 비도덕성, 난폭함 등을 스스로 이해하지 못해 괴로워하고 원망하면서 시간만 때우겠다는 안일한 마음으로 살아왔습니다. 그런데 이번에 평생 잊지 못할 품성 교육을 받을 수 있도록 선처해 주신 모든 분께 감사함을 표합니다. 솔직히 교육 이수 전 나의 과거 점수를 정확히 깨닫게 되었습니다. 오늘의 교육을 피와 살이 되도록 실행하고 깊이 새겨서 나보다 못한 분들을 위해 봉사하며 사랑으로 살아갈 것을 다짐합니다.

아이를 양육이 아니라 사육했는지도

최O옥(지역아동센터 교사-대전)

아이를 양육한다는 것이 결코 쉽지 않은 이 세상에서 내가 혹여나 아이를 사육하는 것은 아닌지 반성을 많이 했습니다. 막연한 것이 아니라 구체적인 사례와 설명을 통해 좀 더 품성을 갖출 수 있는 교사와 어머니가 되는 기회였습니다. 물질은 풍요로워졌지만 마음에서 감사가 떠나고 불평과 투덜거림이 넘쳐나는 요즈음, 아이들이 진정 갖추어야 할 것이 무엇이며, 수학과 영어보다 먼저 교육해야 하는 게 무엇인지 알았습니다.

나 자신에게 필요하여

홍O기(청소년 지도자)

강의를 들으면서 왜 품성이 중요한지 깨달았으며 품성의 필요성을 저 스스로 정립하는 시간이 되었습니다. 남을 가르치기보다 내가 먼저 변하고 내가 먼저 품성인이 되어야 한다는 생각이 들었습니다. 청소년들을 지도하면서 부모도 함께 실천하도록 품성을 가르치겠습니다.

Character Education

5장

실행을 위한 단계

품 성 이 성 공 과 행 복 을 결 정 한 다 !

"품성 개발은 유아기에 시작하여 죽을 때까지 계속된다."
_엘레너 루즈벨트

필자가 한국에 품성 계발 교육을 처음 도입한 이후 지난 15년간 품성의 물결은 홈스쿨 가정, 교회, 지역아동센터, 방과 후 공부방, 독서 교실, 어린이집, 유치원, 대안학교, 공사립학교 등지에 서서히 퍼져 나갔다. 그 결과는 인상적이었다. 교사들은 학업 분위기가 개선되고 징계 문제가 줄었으며 수업 분위기가 더 즐거워졌다고 보고해 왔다. 학교 행정 담당자들은 아이들과 부모 및 교사와의 관계가 향상되었고, 출석률이 높아졌으며, 무엇보다도 아이들의 학업 성적이 좋아졌다고 보고했다. 부모는 아이들의 태도가 좋아졌다고 말했다. 이처럼 품성 교육은 가정과 학교에 많은 변화를 가져왔다.

2015년 1월 20일 대한민국 국회가 '인성교육진흥법'을 공포함으로써 7월부터 유치원, 초중등학교에서 학생은 물론 교사들이 인성 교육을 의무적으로 받아야 하고, 예산을 비롯해 시행 계획을 학년 시작 1개월 전에 수립해야 한다. 드디어 품성인성 교육의 시대가 온 것이다.

1. 인성교육진흥법 시행

품성 교육은 참으로 가치가 있으며 그 효과와 결과가 놀라운 만큼 맨바닥부터 실행해야 하는 책임을 맡은 교사들에게는 큰 도전과 압박이 될 것이다. 왜? 무엇을? 어떻게 시작해야 하는가? 그다음에는? 새로운 것을 시도할 때는 항상 그렇듯이 본인 스스로 준비해야 한다.

국가는 인성 교육 주요 정책 심의를 위해 인성교육진흥위원회를 설치하고 인성교육종합계획을 수립하여 교육 프로그램 개발, 보급, 운영, 교원 연수 및 평가를 지원한다고 밝혔다. 인성교육진흥법이 의무화되어 모든 교사가 15시간 이상 이수해야 하며, 교육부 장관과 교육청은 이에 필요한 예산을 지원한다고 한다. 인성교육진흥법 시행령 제8조 학교의 인성 교육 기준과 운영에 의하면 다음과 같다.

① 교육부 장관은 법 제10조 제1항에 따라 학교에 대한 인성 교육 목표와 성취 기준을 위원회의 심의를 거쳐 학교급별로 마련해야 한다.
② 학교의 장은 학생의 인성 수준 실태를 분석한 후 교원, 학생, 학부모의 의견을 수렴하여 전항의 학교급별 인성 교육 목표와 성취 기준에 근거한 학년별 인성 교육 목표와 성취 기준을 포함한 교육 계획을 수립하여 학교 교육 과정을 편성하고 운영해야 한다. 따라서

교사 개개인이 인성 교육 연수를 받고 개별적으로 학급에서 가르치기 전에 중앙의 인성교육진흥위원회가 수립한 종합 계획에 의해 교육청의 지침에 따라 먼저 각 학교 내에 인성교육위원회를 구성해야 한다.

2. 학교 인성교육위원회 책임자가 준비할 일

시행의 첫 단계는 '본인이 해야 할 일'을 하기 위해 준비하는 것이다. 첫째는 인성^{품성}에 관한 자료나 책을 읽는 것이다. 인성 교육의 이론과 역사를 설명하고 학교에서 성공리에 시행한 사례를 보여 주는 자료와 인성연구기관이 이 운동을 중심으로 조직되고 실행한 결과를 제공하는 자료가 있을 것이다. 특히 인성교육진흥법 실행을 주관하는 정부부처나 인성^{품성} 프로그램을 의무화하는 인성교육진흥위원회에서 인성 교육에 관련된 정보를 제공할 것이다. 인터넷에도 자료가 있다. 학교 인성교육위원들과 첫 모임에서 나눌 관련된 자료를 모으고 읽는 시간이 필요하다.

두 번째 단계는 모든 교사가 의무적으로 인성 교육을 받는 것이다. 학교의 인성 교육 책임을 맡은 위원장은 더 전문적인 훈련을 사전에 받아야 다른 교사들을 이끌고 학교 전체의 인성 교육을 관리할 수 있을 것이다. 이미 수집한 다양한 자료를 분석하고 성공 사례를 검토하면서 어느 교육 프로그램이 학교 특성에 적합하고 효과적일지 각 학교의 상황이나 가치관에 맞는 훈련 프로그램에 참여한 후 실행 계획을 세울 것이다. 교사가 학생들에게 인성 지식만 가르치는 것이 아니라 인격을 갖춘 학생으로 변화시키려면 교사 자신이 먼저 학생들의 모범이 되어야 한다. 특히 교장과 교감을 비롯한 위원장은 교사들에게 롤모델로서 모범을 보여야 한다.

만약 학교 운영에서 교장의 비리가 발견된다든지, 위원장이 습관적으로 늦게 출근하거나 교사 모임 혹은 위원회 모임에 지각한다면 최고 지도자의 직위로 다른 사람을 지도할 수 없다. 지도자는 행동을 통해 지도할 수 있기 때문이다. "그저 그런 선생은 말로만 가르치고 좋은 선생은 설명을 하지만, 우수한 선생은 모범을 보이고 위대한 선생은 영감을 불러일으킨다."라는 말이 있다. 영감은 학생들이 더 선량해지도록 이끄는 성장의 열쇠가 된다.Ryan and Bohlin, 1999 그러므로 위원장의 리더십은 비전이 있어야 하고, 다른 사람과 원원하는 협상력이 있어야 하며, 다른 교사들이 품성의 가치에 열정을 갖게 영감을 주어야 하고, 때로는 도전도 해야 하며, 갈등이나 불평에 대해 설득력 있게 답하는 자질과 카리스마도 필요하다.

품성을 가르치는 일은 다른 과목을 가르치는 것과는 차원이 다르므로 교사의 역할이 가장 중요하다. 교사는 도덕이나 윤리에 대해 지식을 가르치는 것이 아니라 정직, 공평함, 배려, 책임감 등 품성의 모범을 보여야 한다. 라이언과 볼린 교수는 품성 지도 교사가 갖춰야 할 일곱 가지 덕목을 다음과 같이 정리했다.Ryan and Bohlin, 1999

① 교사는 좋은 품성을 보여 주고 스스로 품성을 계발할 수 있어야 한다.

② 교사는 학생들의 도덕 생활과 품성 발달을 우선순위로 삼아야 한다.

③ 교사는 학생들을 도덕 담론에 참여시켜서 무엇이 옳고 그른지 말할 수 있게 해야 한다.

④ 교사는 윤리 이슈에 대해 자신의 입장을 명확히 말할 수 있어야 한다.

⑤ 교사는 학생들에게 타인의 경험에 공감하는 법을 가르쳐야 한다.

⑥ 교사는 학급에 긍정의 도덕 기풍을 세워야 한다.

⑦ 교사는 학생들이 윤리적 • 이타적인 경험을 할 수 있는 활동을 제공해야 한다.

리코나 교수는 "품성 교육이 수학이나 읽기를 가르치는 것보다 훨씬 더 복잡한 이유는 기술 개발뿐만 아니라 교사 개인의 성장을 요구하기 때문이다. 그런데도 많은 교사가 앞장서서 도덕 훈련을 받지 않는다."라고 지적했다.[1993:7]

3. 협력해야 선을 이룬다

학교의 인성품성 교육은 혼자서 성취할 수 있는 것이 아니다. 책임자가 프로그램을 시행하는 데 도움이 될 교사와 학부모를 모아 인성품성 위원회도 만들고 행정 담당자의 지원을 받는 것이 프로그램의 시작이다. 책임진 위원장이 주제를 연구하고 상세한 계획을 구상하여 추진해야 위원회 모임을 잘 진행할 수 있다. 프로그램 시작의 마지막 단계는 위원장이 자신의 역할을 탐구하고 프로그램을 어떻게 이끌지 계획을 세우는 것이다.

학교 인성 교육 실행 책임자의 과제는 학교에서 실시할 인성품성 교육 프로그램에 관해 구체적인 이슈를 찾는 것이다. 첫 위원회가 모이기 전에 몇 가지 이슈를 찾아볼 필요가 있다. 다음의 질문을 지침으로 삼을 수 있다.

① 이 프로그램을 위한 재원은 어느 정도 확보했는가?

② 어떤 자료를 위원회에 제공할 수 있는가?

③ 학교에서 인성품성 교육을 주도할 사람은 누구이며, 내용은 무엇인가? 정부 부처 또는 교육청에서 의무화한 내용은 무엇인가?

④ 특정 프로그램을 결정하는 데 위원회는 어느 정도의 권위가 있는가? 사전 준비된 프로그램이 당신에게 제공되는가, 아니면 당신이 프로그램을 만들어야 하는가?

⑤ 학교 행정 관계자들은 품성 교육 프로그램을 어떻게 보는가? 품성 교육을 전적으로 지지하는가, 아니면 의무니까 형식적으로 하겠다는 태도인가?

4. 위원회 조직

처음 시작할 때 가장 중요한 것은 위원회 구성이다. 프로그램의 성패 여부는 참여하는 사람들에게 달렸기 때문이다. 위원들에게는 다음과 같은 사항이 중요하다.

① 품성이 좋아야 한다. 품성이 완전한 사람은 없다. 품성의 가치에 대해 신념을 지닌 위원들이 시종일관 좋은 모범을 보이면 프로그램이 신뢰를 얻는다.
② 프로그램에 믿음이 있어야 한다. 프로그램을 실행하는 데 필요한 지원을 얻기 위해 위원들은 품성 교육을 고취해야 한다.
③ 품성 교육의 성공을 위해 열정을 다하는 의지가 있어야 한다. 프로그램을 수립하려면 많은 과정이 필요하다. 위원들은 이 임무에 대한 책임을 감수하려는 의지와 이행하려는 믿음이 있어야 한다.

4.1. 효과적인 위원회 구성

품성 교육에 대해 자료를 수집하고 연구하면서 위원장이 전달하는 품성의 가치를 모든 교사가 공감하고 수용하리라 기대할 수는 없다. 자료를 통해 지식을 습득하고 동기가 생기기도 하지만 가장 효과적인 방법은 전문가의 지식과 경험을 직접 듣는 것이다. 인권운동가 마틴 루터 킹 박사의 연설문 "나는 꿈이 있다I have a dream"를 글로 읽는 것과 실제로 그의 연설을 듣는 것은 엄청난 차이가 있다. 전문가를 초청하여 품성에 대한 비전과 꿈을 직접 들려주면 앞으로 함께 품성 교육을 담당할 교사와 학부모 자원 봉사 선발은 물론 교장과 교감의 지원을 받기도 쉽다.

학교에서 품성 교육 프로그램을 시작하는 첫해에는 시간적인 여유를 갖는 게 필요하다. 진행은 하되 강요하거나 서둘지 않는 것이다. "백 번 듣는 것이 제 눈으로 한 번 보는 것만 못하다.百聞不如一見"라는 말처럼 역동적이고 효과적인 품성 교육 프로그램이라면 학생들의 생활과 학교 분위기에서 자연스럽게 증명될 것이다. 교사는 학생들에게 선한 영향을 주기 위해 교육을 직업으로 선택했다. 인성 교육에 성공한 학교의 사례를 참고하면 품성 교육의 필요성을 느끼지 못하는 교사들의 반대를 가라앉힐 수 있다.

좋은 품성은 타고나는 부분도 있지만 대체로 가르쳐야 한다. 교사들이 학생들의 일상에서 모범을 보이고, 가르치고, 함께 관계를 맺으며 교육할 수 있다. 모범을 보이고, 품성을 가르치며, 교훈과 세상에서 배우는 것 사이의 상호작용을 인식하는 한 어떤 방법을 사용하든 별 문제가 되지 않는다. 학생들에게는 그들이 헌신할 수 있는 건강한 역할 모델과 긍정의 사례가 필요하다. 특히 성인을 향해 나아가는 길을 보여 줄 수 있는 리더십이 필요하다. 품성 교육은 학생들의 삶에 더 좋은 영향을 주고 싶어 하는 교사의 능력에 대해 당신의 신념을 세상과 나누는 훌륭한 기회다.

4.2. 자원봉사자를 구하라

학부모 자원봉사자를 구하는 것이 쉽지 않지만 위험하게 보일지도 모른다. 그러나 학부모는 위원회의 환영을 받지 못한다고 생각하면 프로그램에 후원하지도 않고 지지하지도 않는다. 부정적인 사람이나 타인의 아이디어에 귀를 기울이지 않은 사람은 피해야겠지만, 그런 사람이 위원회에 관심을 보인다면 정중히 받아들여야 한다. 그런 사람이야말로 위원회가 성장하는 데 필요하다.

4.3. 매년 스태프를 재점검하라

적어도 일 년에 한 번은 스태프를 초청하여 품성 교육 포럼을 개최하라. 학교에서 품성 교육 프로그램의 가치를 토론하고 프로그램에 관해 새로운 아이디어를 얻으며 프로그램에서 감지된 문제를 피드백 받을 수 있는 기회다. 또한 새로운 회원을 모집할 수 있는 좋은 기회다. 새로운 교사가 부임해 오면 위원회에 관심을 갖도록 격려하라.

4.4. 활동적인 사람을 뽑아라

어느 조직이든 3분의 1은 활동적이며 추진력 있는 사람, 3분의 1은 관망하는 사람, 3분의 1은 필요할 때만 하는 사람이다. 프로그램을 효과적으로 진행하려면 할 일이 많다. 학교 운영의 중심이 되는 사람, 열심히 일하는 사람, 학생들에게 본보기가 되는 인기 있는 사람, 팀으로 일을 잘하는 사람 등 위원회에 관심을 보이는 사람들을 적극적으로 뽑아야 한다. 위원회의 자산이 될 만한 사람을 눈여겨보고 그런 사람이 위원회에 합류하도록 개인적으로 초청한다. 그들이 당신에게 다가올 때까지 기다리지 마라. 당신의 초대를 기다리는 사람도 있다.

4.5. 핵심 부서의 대표를 찾아라

학교 각 부서의 대표를 위원회에 참가시키는 것도 이상적이다. 품성 프로그램을 지원하기 위해 교직원을 골고루 참여시키는 것이 중요하다. 위원회의 계획을 각 부서의 구성원들이 알고 있는 것도 중요하다. 운동부 코치 등 각 활동 부서의 책임자들은 수업 시간 외에도 품성 교육을 강화할 수 있기 때문이다.

4.6. 다양성에 주목하라

인성교육위원회는 교직원들의 다양성을 반영해야 한다. 교직원의 문화 수준이나 나이대가 다양한 학교라면 위원회의 양극화를 예방하는 데 도움이 될 것이다. 위원회는 남녀 비율이 균형을 이루는 것도 중요하다.

4.7. 행정 책임자를 참여시켜라

품성 교육 프로그램은 행정부서의 지원이 필요하다. 행정 책임자인 교장이 안 되면 교감이라도 가서 매번 위원회 모임에 참여하면 큰 도움이 된다. 행정 책임자는 특별 프로그램을 어떻게 조직하는지, 현장 견학을 어떻게 주선하는지, 그 밖의 행정 문제를 어떻게 다루는지 잘 안다. 더욱이 행정 책임자의 참여는 프로그램이 지원받고 있다는 인상을 주기 때문에 큰 격려가 된다. 하지만 리더십 역할을 기대하지는 마라. 특히 교장은 다른 임무도 많다.

인성교육위원회의 역할을 설명하는 간단한 유인물을 준비하면 도움이 될 것이다. 첫해에는 준비하는 것이 힘들지도 모른다. 하지만 다음 해에는 새로운 회원들이 기대할 만한 좋은 아이디어를 얻을 수 있다. 유인물은 회의시간, 횟수, 위원회 활동 등을 포함해야 한다. 위원회의 역할과 사명, 위원회가 지금까지 노력한 성과 등을 덧붙일 수도 있다.

4.8. 행정 책임자의 참여를 확실히 하라

한 가지 반복해서 강조할 사항은 품성 교육 프로그램에 행정 책임자를 반드시 참여시켜야 한다는 점이다. 행정 책임자란 재단 이사, 교장, 교감 외에 교목과 상담교사를 포함하는데 품성 교육을 위한 분위기를 조성할 수 있다. 행정 책임자는 교직원을 평가하고 격려하며, 부모와 학생들을 면담하고, 학교 시스템의 중앙에서 인사 문제를 취급하는 등 일상 업무를 수행하면서 품성 교육을 이끌 수 있는 기회가 많다.

4.9. 리더가 된다는 것

품성 교육을 실시할 때 마지막으로 신경 써야 할 점은 위원장인 당신의 역할이다. 당신은 프로그램의 리더로서 중요한 위치에 있다. 프로그램이 목적한 방향으로 나아가는 것은 궁극적으로 당신의 땀과 카리스마에 달렸다. 물론 프로그램을 효과적으로 진행하려면 행정 담당자와 스태프의 지원을 비롯해 다른 위원들의 도움과 협조가 필요하다. 하지만 프로그램을 이끌어 나가는 사람은 위원장인 당신 자신이다.

4.10. 비판 받아들이기

인성교육위원회를 이끌다 보면 아무리 열심히 해도 인기상은 타기 힘들다. 사실은 그 반대이기 쉽다. 위원들은 품성의 롤모델이기에 위원장인 당신이 다른 교사나 학생들의 비판을 받을 것이다. 하지만 공격받았다고 여기기보다는 비난받을 각오를 하고 프로그램에 매달려야 한다. 위원들이 비판적인 피드백을 받으면 각 코멘트를 저울질해 보고 변화가 필요한지 결정하는 등 위원들이 좋은 품성을 나누고 모범을 보이는 임무에 방심하지 않도록 격려할 필요가 있다.

위원장으로서 당신은 다음 질문에 "예"라고 대답할 수 있어야 한다.

1) 언제 어디서나 좋은 품성을 보여 줄 생각이 있는가?

위원장으로서 계속 좋은 품성을 보이는 것도 도전이 되므로 당신 자신에게 유익하다. 인성교육위원장으로서 자신의 삶을 검토해 볼 기회가 될 것이고, 당신 자신의 윤리 원칙을 제대로 인식할 수 있을 것이다. 일관성 있고 정직한 삶을 위해 당신 자신을 헌신하라. 진실과 모범으로 당신 자신을 이끌어 나가야 한다.

2) 다양한 사람들을 존중하며 일할 수 있는가?

편견과 선입관이 있다면 당신의 리더십에 반드시 드러날 것이다. 당신은 다른 위원들의 공헌을 존중하고, 사안마다 걸고넘어지는 고집스런 위원이라 할지라도 위원 한 사람 한 사람이 위원회에서 수고하는 가치를 귀하게 받아들여야 한다. 개인의 갈등은 위원회를 파멸로 몰아가기 때문에 당신 개인의 호불호를 배제할 수 있어야 한다. 이 부분에서 당신의 몸짓 언어가 중요하다. 특정 위원이나 특정 사안에 대한 당신의 감정이 얼굴이나 말, 자세에 나타나기 때문이다.

3) 행정 책임자와 좋은 관계인가?

위원장은 행정 책임자와 관계가 좋아야 한다. 당신이 행정 책임자와 의견을 달리하여 갈등이 있다면 품성 교육 프로그램은 아무런 진전도 없을 것이다. 인성교육위원회는 행정 책임자의 지원이 필요하고 당신은 그들과 편하게 말할 수 있어야 한다. 그들의 참여는 중요하다.

4) 할애할 시간이 있는가?

효과적인 품성 교육 프로그램을 운영하려면 엄청나게 많은 일을 해야한다. 보람되고 창의적이며 만족감을 주는 일이지만 당신의 삶에서 많은 시간을 빼앗을 것이다. 아마 당신은 다음과 같은 업무를 감당해야 할 것이다.

① 관계 부처 및 상급 기관 직원들과 만나기
② 교육 예산 신청서 작성 돕기
③ 당신의 프로그램에 관심을 보인 사람들 만나기
④ 신문사 인터뷰하기
⑤ 다른 학교와 교류하기
⑥ 당신의 학교에서 일어나는 품성 이야기 나누기

이런 업무를 위해 많은 시간이 필요할 텐데 당신은 불만 없이 그만한 시간을 보낼 각오가 있어야 한다. 맡은 일을 해 내지 않는 위원을 대신해서 그의 일까지 처리해야 한다. 시간을 쪼개서 쓸 준비를 하라. 하지만 많은 시간을 들인 만큼 놀라운 변화를 가져올 기회와 비전도 있다.

5) 갈등을 효과적으로 극복할 수 있는가?

리더는 프로그램을 관리 및 감독하고 회의 분위기를 돌볼 책임이 있다. 갈등을 다루는 것도 리더의 임무이기 때문에 조용히 효과적으로 해결할 수 있어야 한다. 위원장은 위원회의 모든 계획을 관찰하고 필요한 대로 뒷일을 처리해야 한다. 또한 위원들이 맡은 임무를 다하도록 격려해야 한다.

성공 팁_ 당신은 위원들에게 '이것은 우리 위원회이지 내 개인 위원회가 아니다' 라는 점을 강조해야 한다. '당신 개인'의 위원회로 여기지 않도록 경계하라. 훌륭한 리더는 프로그램을 진행시키기 위해 비난받을 수 있는 어려운 결정도 내려야 한다.

6) 사람들의 공격을 감당할 수 있는가?

위원장으로서 당신은 교직원들에게 배척당할 수도 있다. 교장이나 행정 책임자가 강력하게 지지하는 경우, 다른 교사들은 당신을 불신할지도 모른다. 심지어 당신을 시기하는 교사도 있을지 모른다. 당신은 위원회의 기획과 계획으로 분주할 것이고, 학교를 대표해 외부 모임에 참석해야 할 것이다. 당신에게는 외부에 나가는 일이 바쁜 시간을 쪼개야 하는 막중한 임무지만 다른 사람들 눈에는 보너스로 보일 수도 있다. 때로는 당신이 하는 일에 대해 분개하는 비판자를 만날 수 있다. 이럴 때 당신에게 개선할 부분이 있는지 스스로 점검해 보라. 단, 그들에게 너무 신경쓸 필요는 없다. 마지막으로 프로그램이 잘못되면 비록 당신 잘못이 아닐지라도 책임져야 할 것이다. '억울하게 공격받는' 경우다.

7) 위원장의 역할은 순환 교체되어야 하나?

위원장의 역할이 순환되어야 한다고 제안하는 사람도 있는데 인성교육 위원회를 위해서는 좋은 방안은 아니다. 위원회는 운영의 연속성을 위해 한 사람이 프로그램을 이끌어야 한다. 책임자는 각종 프로그램을 전체적으로 보고 필요한 결정을 한다. 때로는 다른 사람이 모임을 이끌어야 하는 일이 생길 수도 있다. 당신이 없어도 리더십의 공백이 생기지 않게 부위원장이나 공동위원장을 세워 놓는 것이 필요하다.

당신 또는 공동위원장이 계속 진행하거나 다른 학교로 전근을 가는 경우도 미리 생각해 두는 것이 좋다. 위원회에서 품성 교육을 함께 실행하는 핵심 그룹의 리더를 만들게 격려하라. 프로그램이 한 사람의 핵심 지도자에 의해 운영된다면 그가 학교를 떠날 경우 프로그램 진행이 어려워질 수 있다.

8) 위원장의 역할은 순환 교체되어야 하나?

당신은 인성교육위원장을 맡음으로써 리더가 되겠다는 의사를 나타낸 것이다. 위원회를 설립하면서 맞닥뜨리는 가장 큰 도전은 위원장으로서 당신의 역할을 분명히 하는 것이다. 당신은 리더로서 위원회가 그 목적을 달성하도록 방향을 제시하고 지원해야 한다. 대부분의 경우 이 역할은 두 가지 문제를 일으킨다.

① 당신은 위원회 구성원의 리더가 아니라 동료가 되기 십상이다.

② 위원회의 수고는 아마도 자원 봉사 차원일 것이다.

리더십은 다른 사람의 행동에 영향을 미치기 위한 한 사람의 노력이다. 당신이 리더가 될 수 있는 것은 당신에게 권위와 힘을 주었기 때문이다. 당신을 따라주는 사람이 아무도 없다면 리더가 아니다. 당신은 동료 자원봉사자로 구성된 운영위원회의 위원장으로서 '리더'의 특별한 위치를 얻기 위해 세 가지 능력을 갖춰야 한다.

① **전문성_** 우리는 전문성 있는 지도자를 따른다. 아프면 의사를 찾아가고, 법률 문제가 생기면 변호사에게 상담하는 것처럼 교육 분야의 전문성을 발휘해야 동료 교사들이 따라준다.

② **카리스마_** 대부분의 리더는 역동적이며 카리스마가 있다. 교육계에도 열정을 다해 업무를 수행하고, 모든 사람이 참여하도록 격려하며, 노하우와 확신을 가지고 일을 추진하는 리더가 필요하다.

③ **업무 수행 능력_** 열심히 일해도 성과가 없으면 곤란한 법. 끈기 있게 일을 추진하는 능력을 타고난 사람이 있다. 위원장은 성과를 보여 줘야 리더십을 인정받는다. 위원회가 효과적인 성과를 얻는 데 방해가 되는 요소를 해결하는 것도 위원장의 임무다.

5. 위원회의 역동성 최대화하기

"품성 교육가는 다른 사람들이 예술가가 되도록 도우면서
그 자신의 예술 작품을 연마하는 예술교사와 같다."

Kevin Ryan & Daren Bohlin, *Building Character in School*

품성 교육 프로그램의 성공에 가장 큰 영향을 미치는 것은 위원회가
효과적으로 일하도록 이끄는 능력이다. 위원들의 관계가 최대한 역동성
을 발휘하려면 시간이 필요하다. 그러나 위원들이 함께 참여하여 성취해
야 큰 보상이 따른다.

몇 가지 중요한 개념을 이해하면 훌륭한 위원회 팀을 이룰 수 있다.
효과적인 토론은 위원회의 생산력을 증가시킨다. 피드백을 주고받는 법
을 알고 그대로 실천하면 위원들 간에 친선을 도모하고 오해를 피하기
쉽다. 위원마다 다른 행동 방식을 이해해야 위원들의 장점을 잘 활용하
는 한편, 대인 관계의 역동성에 따른 문제를 최소화할 수 있다. 위원들
의 관계가 좋아지면 위원회가 건강하고 생산력 있게 유지된다. 마지막으
로 위원회의 정상 패턴을 인식해야 혼돈이 생기더라도 낙관적으로 끌어
갈 수 있다.

5.1. 효과적인 회의 진행

위원회를 운영할 때 가장 중요한 점은 회의를 효과적으로 진행하는

것이다. 다른 사람들이 하는 말을 잘 들으려면 인내심을 갖고 예의를 지켜야 한다. 주제에 초점을 맞추어 토론하되 말수가 적은 위원들의 몸짓 언어를 읽고 반응해야 하며, 여러 위원들의 의견을 골고루 끌어내는 용기도 필요하다. 시간을 잘 지켜야 하고, 토론이 결론도 없이 엉뚱한 방향으로 빠지지 않고 의견 일치를 이끌어 내는 해법이 필요하다. 다음과 같은 회의 운영의 기술을 발휘하면 회의생산력이 증가되어 회원들도 자신이 위원회에 공헌한다는 만족감을 얻을 것이다.

1) 경청하라.

위원들이 발언할 때 잘 경청하기보다는 그의 제안이나 발언에 부정적으로 반응하지는 않았는가? 위원들의 아이디어에 대해 논쟁하기보다는 적극적으로 타진해 보라. 새롭고 실제적인 대안이 나올 수도 있다. 두 가지 의견이 나오면 건강한 절충안을 이끌어 보라.

2) 초점을 맞춰라.

주제에서 벗어나거나 대화가 산만해지는 것은 토론의 적이다. 회의 주제와 동떨어진 발언 때문에 쟁점에서 벗어나지 않도록 해야 한다. 토론 주제와 무관한 발언은 회의 시간만 허비할 뿐 아무 이익도 없으므로 회의 내용의 초점을 맞추어야 한다.

3) 몸짓 언어를 감지하라.

말 한마디 하지 않아도 몸짓이나 얼굴 표정으로 의사를 전달하는 사람이 있다. 회의 중에 주변을 두리번거리거나, 얼굴을 찡그리거나, 입술을 삐죽이거나 하는 것은 회의 진행과 내용에 대해 의견을 말하는 것이다. 위원장은 위원들의 불만스러운 표정을 감지하고 그 문제에 직면하는 용기가 필요하다. "이 문제에 대해 위원들이 좀 지칠 수 있으니 다음 회의에서 다루면 어떨까 생각합니다."라고 해 보라.

4) 공평하게 참여하도록 유도하라.

발언을 전혀 하지 않거나 독점해서 발언하지 않도록 관리하는 것도 위원장의 임무다. 발언을 잘하지 않는 위원들이 참여하도록 이끌어 주는 것이 필요하다. 모든 위원이 공평하게 참여하는 방법은 순서대로 돌아가며 말하는 것이다. 한 사람이 장시간 독점 발언을 하면 "○○○ 위원의 의견은 충분히 들었으니 다른 위원들의 의견이 어떤지 들어본 후에 결론을 냅시다."라고 할 수 있다.

5) 회의 시간을 잘 관리하라.

위원들의 사기를 북돋으려면 회의가 진척되고 있다는 인상을 주는 것이 중요하다. 특정 주제가 허락된 시간을 초과하면 시간 제한을 상기하여 그 안건을 계속 토론할 것인지, 다음 안건으로 넘어갈 것인지 결정하도록 이끌어야 한다.

6) 끝없는 토론을 피하라.

결론도 없이 토론을 계속하는 경우가 있다. 아무런 결론도 얻지 못하는 토론을 끝내는 결단도 필요하다. 결론이 안 나올 때 다음 기회로 연기하는 결정을 내리지 않으면 위원들의 사기나 참여 의지가 꺾이기 쉽다.

7) 토론한 내용을 요약하라.

장황하게 토론하다 보면 내용이 분명하지 않을 수도 있으므로 지금까지 토론한 내용을 간략하게 정리하여 회의록에 기록할 필요가 있다.

8) 의견 일치를 확인하라.

토론한 내용을 요약하고 나면 그 안건에 위원들이 동의하는지 확인하라. "이 안건에 대해 모두 동의합니까?" 또는 "결정된 사항에 반대 의사가 있습니까?"라고 확인하는 절차가 필요하다.

5.2. 피드백 활용

피드백은 팀 개발의 또 다른 초석이다. 평상시에 위원들 간에 열린 마음으로 이야기를 나누는 것이 필요하다. 침묵, 비판, 건설적인 반응, 긍정적인 반응 등 피드백의 네 가지 기본 형태가 상호 관계를 유지해 간다. 침묵이나 비판도 피드백이다. 다만 침묵은 가장 비효율적인 피드백이다. 침묵은 기껏해야 현상을 유지할 뿐이고 최악의 경우에는 위원들 간에 오해나 긴장감을 조성한다. 비판 역시 비효율적인 피드백이다. 자신의 의견과 다를 경우 경청하고 배려하기보다는 비판부터 하기 쉽다. 비판은 빠르게 개인화되어 위원회를 부정적인 방어와 재비난의 악순환에 빠뜨리는 만큼 침묵과 비판을 최대한 피해야 한다. 최선의 대화를 위해 건설적이며 서로 인정하는 피드백을 주고받을 줄 알아야 한다. 건설적인 피드백은 최선이 아닌 것을 묵과하지 않으면서도 아이디어나 행위에 대해 긍정적인 면에 중점을 두는 것이다.

"모금 운동에 학생을 참여시키자는 당신의 아이디어가 참신해서 좋기는 하지만, 모금에 나선 학생들이 사고라도 당해서 책임 문제가 발생할 가능성을 배제할 수 없는데 이 문제를 피할 방법은 없을까요?"

"당신의 열정을 보니 나도 신바람이 납니다. 다만 몇몇 위원들은 좀 두려워하는 인상이 있는데 이 점을 주목해 보았습니까?"

긍정의 피드백은 다른 사람의 아이디어를 긍정적으로 보고 칭찬하는 것이다. 긍정의 피드백은 위원들 간에 친목을 도모하고 팀워크를 높인다. 개선책을 내놓음으로써 공헌하고 있다는 인정을 받으면 상대방의 말을 더 경청하고 존중하는 태도를 보인다.

1) 피드백 주는 법

피드백을 언제 어떻게 주는지 아는 것은 의사를 전달할 때 매우 중요하다. 피드백을 하는 타이밍은 자신과 피드백을 받는 상대방을 고려해서 정해야 한다. 상대방을 궁지로 몰아넣거나 자신의 우월성을 과시하기 위한 피드백은 곤란하다. 때와 장소, 분위기가 부적절해도 안 된다. 다른 사람에게 피드백을 줄 때는 다음 사항을 고려하라.

(1) 명확하게 설명하라.

구체적으로 묘사해야 한다. 당신의 생각과 문제점을 정확히 표현해야 상대방도 같은 실수를 반복하지 않을 것이다. 또한 상대방이 어떤 면에서 잘했는지 확실하게 말해야 다음에도 긍정적인 아이디어를 기대할 수 있다. 상대방의 행동이나 의견이 긍정적이든 부정적이든 어떤 결과를 가져왔는지 구체적으로 전달하라.

(2) 시의적절하게 말하라.

건설적인 피드백은 개인적으로 해야 한다. 특히 피드백을 주기 전에 상대방에게 양해를 구할 필요가 있다. 상대방이 때마침 언짢은 일이 있다면 다음 기회에 듣고 싶어 할 수도 있다. 다만 피드백은 가능한 한 빠른 것이 좋다. 시간이 지나면 효과가 없다.

(3) 협조적인 방법을 취하라.

상대방에게 문제가 있으니 고쳐야 한다고 말하기보다는 해결책을 협조적으로 제안하라.

(4) '당신'이라는 말 대신 '나'에게 중점을 둬라.

피드백을 줄 때 '당신'보다는 '나는'이라고 해야 상대방이 편하게 듣는다.

"당신은 아주 무책임하다."라는 식의 표현은 곤란하다. 공격적인 피드백은 상대방을 방어하게 만들고 당신의 의도를 왜곡시킨다.

(5) 사실을 과장하지 마라.

"당신은 항상 회의에 늦는다."라는 말은 논쟁과 갈등을 초래한다. 상대방이 "내가 언제 항상 늦지?"라고 반박할 뿐이다. '항상', '절대로', '모든' 같은 최상급 과장법을 피하는 것이 좋다.

(6) 제삼자를 통한 피드백을 삼가라.

다른 사람들의 숨겨진 대화에 말려들지 않도록 하라. "당신이 위원회를 지지하지 않는다는 말을 들었다."라는 식의 표현은 불신과 불쾌감을 유발한다. 제삼자를 통한 피드백은 본인은 물론 상대방에게도 불공평하다. 당신이 직접 보고 들은 사실에 대해서만 피드백하라.

2) 피드백 받는 법

피드백을 주는 것만큼 피드백을 받고 반응하는 것도 중요하다.

(1) 경청하라.

피드백 내용 어딘가에 진실이 숨어 있을 수 있으니 경청하여 말과 감정 밑에 깔린 진짜 쟁점을 잘 분별하라. 상대방이 피드백을 줄 때는 중간에 끼어들지 말아야 한다. 그렇지 않으면 상대방이 피드백할 의욕을 잃는다. 물론 야단을 맞는 입장이 될 필요는 없다. 진정한 피드백을 주려는 것과 개인적인 공격을 잘 분별하는 것이 중요하다.

(2) 숨을 깊게 쉬어라.

스트레스를 받으면 맥박이 빨라지거나 숨결이 얕아지는 등의 현상이 나타난다. 예기치 않은 피드백을 받을 때는 숨을 깊게 쉬고 진정할 필요가 있다.

(3) 정보를 분명히 하라.

상대방의 말을 잘 이해하지 못할 땐 그렇다고 분명히 전달하라. 상대방의 피드백을 듣고도 이해하지 못한 채 그냥 지나치면 아무 소용이 없다. 'OOO가 나를 싫어한다' 식의 태도는 분열을 가져올 뿐이다. 필요하다면 구체적인 사례를 말해 달라고 요청하라. 상대방이 말하는 뜻을 분명히 이해해야 그 문제에 대해 무엇을 어떻게 해야 할지 결정할 수 있다.

(4) 피드백과 그 타당성을 인정하라.

피드백에 대해 인정하고 고마움을 표현하라. 상대방의 타당한 견해와 함께 당신의 실수나 부족한 점을 인정해야 한다. 당신의 실수를 인정하면 할수록 상대방 역시 같은 태도를 보여 줄 것이다. 위원들 사이의 열린 분위기는 위원장에서부터 시작된다.

(5) 피드백에 대해 생각해 보라.

필요하다면 시간을 두고 마음을 가라앉힌 뒤 어떻게 반응할지 생각해 보라. 피드백을 받자마자 그 주제에 관해 생산적으로 토론할 수 없다면, 약속을 정해서 나중에 후속 모임을 갖도록 하라. 가능하면 다음날로 약속을 잡는 것이 좋다.

6. 효과적인 품성 교육의 11가지 원리[7]

품성 교육 프로그램을 실행하는 기본 원리는 품성 교육을 시작할 때, 이 분야의 선구자들에게 배우라는 것이다. 처음 시작할 때 배울 수 있는 것은 Character Education Partnership^{현재는} character.org의 자원이다. CEP는 품성을 촉진시키는 데 헌신하는 기관과 개인의 연합체로서 비영리 기관이다. 이곳을 통해 많은 정보와 자료를 얻을 수 있다. 품성 교육을 처음 시작하는 사람들은 다음의 11가지 기본 원리에서 도움을 얻을 수 있다. 이 원리는 학교와 기타 단체가 품성 교육 시행을 계획하고 품성 교육 프로그램과 서적과 교재를 평가하는 기준이 된다. CEP도 리코나, 챕스, 루이스 교수가 공동으로 제공한 11가지 원리를 바탕으로 설립되었다.

---

[7] Drs. Tom Lickona, Eric Schaps & Catherine Lewis, www.character.org.

① 효과적인 품성 교육은 **핵심 윤리 가치**를 좋은 품성의 기초로 장려한다. 품성 교육은 배려, 정직, 공평함, 책임감, 자신과 타인을 존중함 등을 널리 공유하며 지극히 중요한 핵심 윤리 가치가 좋은 품성을 형성한다고 주장한다.

② 효과적인 품성 교육은 **생각, 감정, 행동**을 포함하여 포괄적으로 '품성'의 정의를 내린다. 좋은 품성은 핵심 윤리 가치를 이해하며 관심을 가지고 실행한다. 그러므로 품성 계발의 통전적인 접근은 도덕 생활의 인지력, 감성, 행동을 추구한다.

③ 효과적인 품성 교육은 품성 계발을 위해 **종합적**이고 **의도적**이며 **능동적**으로 접근한다. 품성 계발에 헌신한 학교는 학교에서 일어나는 모든 일이 어떻게 학생들의 품성에 영향을 미치는지 평가하기 위해 도덕 렌즈를 통해 그들 자신을 바라본다. 종합적인 접근 방법은 학교의 모든 분야를 품성 계발의 기회로 사용한다.

④ 효과적인 품성 교육은 **배려**하는 학교 공동체를 만든다. 품성에 헌신한 학교는 정의로운 사회의 축소판이 되기 위해 필사적으로 노력한다. 이는 공동체의 모든 구성원이 서로 배려하는 정이 넘치는 공동체를 만듦으로써 가능하다.

⑤ 효과적인 품성 교육은 학생들에게 **도덕을 실천**하는 기회를 제공한다. 지성의 영역처럼 윤리 영역에서도 학생들은 건설적인 학습자다. 이를 실천함으로써 가장 잘 배우기 때문이다. 학생들은 반복된 도덕 경험을 통해 품성을 실천하는 기술과 행동 습관을 계발하고 실천한다.

⑥ 효과적인 품성 교육은 모든 학습자를 **존중**하고 품성을 계발하며 성공을 돕는 교과 과정을 포함한다. 학생들은 학업에 성공하여 자신감과 자율성을 지닐 때, 인간으로서 가치 있고 관심을 받는다고 느낀다.

⑦ 효과적인 품성 교육은 학생들의 **자발적인 동기 유발**을 불러일으킨다. 품성이란 흔히 '아무도 보지 않을 때 올바른 일을 하는 것'으로 정의한다. 윤리적으로 규칙을 따르는 것은 체벌이 두렵거나 보상을 갈망해서가 아니라 타인의 권리와 필요를 존중하기 때문이다.

⑧ 효과적인 품성 교육은 학교 스태프를 품성 교육을 위해 책임을 나누는 배움과 도덕적 지역 공동체로 끌어들이며, 학생을 지도하는 동일한 **핵심 가치**를 따르게 한다. 첫째 교사, 행정 직원, 상담가, 학교 심리학자, 코치, 비서, 교내 식당 종사자, 놀이터 보조자, 학

교 버스 운전자 등 모든 스태프가 품성 교육에 대해 배우고 토론하며 참여 의식을 지녀야 한다. 둘째, 학생들의 생활을 지배하는 똑같은 가치와 표준은 학교 공동체 성인 구성원들의 단체 생활을 지배한다. 셋째, 스태프들이 도덕 문제를 반추하는 데 시간을 쏟는 학교는 청렴하게 운영하도록 확실히 도와준다.

⑨ 효과적인 품성 교육은 공유하는 **도덕적** 리더십과 품성 교육을 장기적으로 지원하고 양성한다. 효과적인 품성 교육을 실시하는 학교에는 뛰어난 지도자 교장, 선임 교사 또는 카운슬러, 교육청 행정가 또는 개인 소그룹이 있다.

⑩ 효과적인 품성 교육은 가정과 지역 사회 구성원을 품성 계발 노력에 **동참**시킨다. 품성을 세우는 노력에 가정을 포함하는 학교는 학생들의 성공 기회를 크게 향상시킨다.

⑪ 효과적인 품성 교육은 학교 품성부터 품성 교육자로서 교직원 품성, 학생 품성까지 **평가**한다. 평가는 프로그램 실행 후에 하지만 효과적인 품성 교육의 진척 상황을 알기 위해 프로그램 실시 전에 (a) 학교 품성 (b) 품성 교육자로서 교직원 품성 (c) 학생 품성 등 세 가지에 대한 사전 데이터가 필요하다.

성품은 시간이 걸려야 하는데

안OO(한동대 상담자)

품성 세미나를 듣기 전에는 일반 성품 공부와 비슷할 거라고 생각했습니다. 성품이란 시간이 지나야 갖춰지는 게 아닌가 하고 생각했으니까요. 그런데 강의를 듣고 삶에서 진심으로 중요한 것이 무엇인지 붙잡은 느낌이 듭니다. 품성 하나하나의 핵심들이 쉽게 다가오면서도 강한 힘이 느껴졌습니다. 짧은 시간에 많은 성품을 계발할 수 있다는 확신이 들었습니다. 실제로 가정에서 적용했을 때 곧바로 반응이 나타나고 관계가 새로워짐을 경험했습니다.

아들로서, 남편으로서, 아빠로서

편OO(학부모)

품성 계발에 대해 모르면서도 그것이 나에게 별 필요 없다고 생각했습니다. 하지만 교육을 받고 나니 감사가 가득합니다. 저 자신이 아들로서, 남편으로서, 아빠로서 얼마나 부족한지 아프게 깨달을 수 있었습니다. 문제 인식과 더불어 대안과 실천 방법을 쉽게 가르쳐 줘서 정말 고맙습니다.

부모 교육을 해야지

토요일은 밀린 집안일을 끝내고 쉬어야 하는 황금 같은 시간입니다. 그러나 품성 교육을 받아서 다행이라는 생각이 듭니다. 나 자신의 품성을 제대로 갖춰야 아이들 앞에 바로 설 수 있지 않을까요? 최선을 다해 생활 속에서 적용할 생각입니다. 어린이집의 소중한 아이들에게 바른 품성을 가르치고 모범을 보이며 원장님과 상의하여 부모 교육에 적용하고 싶습니다.

배운 것을 실천하지 못했는데

이○규(목사)

그동안 배우면서 이루고 싶었던 것이 '생활화'입니다. 그 해답을 찾고 싶어서 품성 아카데미에 참석한 것입니다. 실제로 강의를 들으며 그 해답을 하나씩 찾으면서 기쁨을 얻었습니다. 이제 구체적으로 실천하며 생활화를 이루어 낼 수 있으리라 확신합니다.

생활에 활기가 넘치는 희망

이O영(교사)

품성이 중요한 것은 알았으나 방법을 몰랐습니다. 품성이 성공과 행복의 비결임을 확신하여 품성을 활용하고 적용하는 방법을 알았으니 가정생활과 사회생활이 활기가 넘칠 것입니다. 마치 로또에 당첨된 것보다 기쁨과 충만함으로 행복합니다.

6장

품성 교육 실행 평가

품성이 성공과 행복을 결정한다!

"품성 좋은 아이로 키우는 유일한 길은 그 길을 함께 가는 것이다."
_에이브러햄 링컨

아무리 좋은 프로그램이라도 평가하지 않으면 그 가치를 판단할 수 없다. 그러므로 품성 교육의 효과를 평가하는 것은 전체 프로그램에서 아주 중요한 부분이다. 학교 분위기가 바뀌면 교사나 학생 모두 변화를 알아차린다. 존중심, 책임감, 배려 등의 좋은 품성이 얼마나 개선되었는지 측정하는 것이 필요하다. 명쾌한 윤곽을 드러내는 평가가 아닐지라도 객관적인 데이터를 통한 측정은 품성 교육을 실시한 학급과 학교는 물론 품성 교육의 성과에 관심을 지닌 모든 사람에게 유용한 자료가 된다. 평가는 프로그램 실시 이후의 계획과 보완책, 관계 부처의 재정 지원을 위해서도 필요하다. 평가를 측정하는 방법은 다양하겠지만 우선 무엇을 측정할 것인지 기준을 정해야 한다.

1. 평가 과제

1.1. 무엇을 측정할 것인지 결정한다

위원회는 실시한 프로그램의 성공 여부를 어떻게 판단할 것인가? 어떤 특성에 중점을 둘 것인가? 학교 내 폭력과 징계 감소를 측정할 것인가? 우선순위를 정하면 개선된 프로그램 활동을 향후 프로그램에서 활용할 수 있다.

1.2. 적절한 목표를 설정한다

기대치나 목표가 너무 높으면 실망도 크기 때문에 적절한 목표를 정하는 것이 필요하다. 보편적인 목표 설정 방법으로 SMART 기준을 사용한다.

① S-Specific, **구체성**_ 명확한 목표를 세워야 한다. 목표가 분명하지 않으면 목표가 달성되었는지 알 수 없다. 예: 모든 학생이 품성 자질을 행동으로 보여 줄 수 있는가?

② M-Measurable, **측정가능성**_ 목표를 측정할 수 있어야 목표가 달성되었는지 안다. 예: 1년 동안 훈계 사례가 25퍼센트 감소했다.

③ A-Attainable, **성취가능성**_ 달성이 가능한 목표를 정하라. 도전이 될 만한 목표를 정하는 것도 좋지만 불가능한 목표는 사기를 저하시킨다. 예: 이번 학년 마지막에는 훈육 사례가 한 건도 없도록 목표를 정하는 것은 비현실적이다.

④ R-Relevant, **관련성**_ 인성교육위원회의 목표가 학교의 총체적인 사명과 일치해야 한다. 학교가 관용성에 집중하여 다양한 방법으로 문제를 다룬다면 품성 프로그램에서도 관용성에 초점을 두는 것이 바람직하다.

⑤ T-Timely, **시의적절성**_ 목표를 달성할 수 있는 구체적인 시간대를

설정해야 한다. 짧게는 1개월, 길게는 장기적이 될 수 있다. 장기 목표라도 단기적으로 나누어 목표 달성의 진척을 알아볼 수 있다.

1.3. 데이터를 수집한다

측정 범위를 결정한 다음에 측정 범위를 평가하기 위해 어떤 도구tool를 사용할지 생각해야 한다. 정직, 책임, 시민성 등 태도와 행동의 다양한 한계 조건을 평가하는 데 사용하는 평가 방법이 있을 것이다. 수집한 데이터를 보여 줄 때는 도표를 사용한다.

1.4. 측정 결과에 대처한다

프로그램 효과를 측정해도 데이터 결과에 대한 조치를 하지 않으면 아무 의미가 없다. 평가 목적은 무엇이 잘되었고 무엇이 잘못되었는지를 알고 개선하는 데 있기 때문이다. 결과가 아주 훌륭하면 그에 따른 보상도 크다. 그러나 실시한 프로그램이 효과가 없을 수도 있다. 위원회는 평가에서 나타난 긍정적인 또는 부정적인 결과의 원인을 잘 검토하여 프로그램을 개선해야 한다. 평가를 잘하면 품성 교육 프로그램이 학교에 어떤 이익을 가져왔는지 보여 주는 자료가 된다.

1.5. 프로그램을 개선한다

세상의 모든 일은 개선해야 계속 발전한다. 기업의 경우 생산품과 서비스의 질적 향상을 도모하지 않으면 결국 손님을 잃고 경쟁력에서 밀

려나 영업을 중지할 것이다. 품성 교육 프로그램 역시 여러 가지 효과적인 방법을 무시하고 매년 똑같은 방법을 되풀이해서는 안 된다. 다양하고 창의적인 방법을 찾아 개선해야 한다. 품성 교육이 신선하고 창의적인 효과를 보려면 1) 실행한 프로그램을 평가하고 2) 잘못된 부분을 보완하며 3) 새로운 아이디어로 개선해야 한다.

1) 실행한 프로그램 평가하기

모든 프로그램이 끝난 후 또는 중간에 그 효과를 정기적으로 평가해야 한다. 세부적인 평가 내용은 다음과 같은 주제로 진행할 수 있다.

프로그램 실시 후 평가

*효과적으로 잘 실시된 것은?

*개선할 사항은?

*다음 시행할 때 바꿔야 할 점은?

중간 평가

*현재 잘하는 사항은?

*현재 잘못하는 사항은?

*현재 개선할 사항은?

*향후 개선할 사항은?

(1) 성공한 것을 잘 분석하라.

계획한 것이 성공하면 학생, 교사, 교직원은 물론 위원들이 기뻐할 것이다. 그러나 자화자찬에 빠지지 않도록 경계해야 한다. 성공한 것만큼 실패한 부분에서도 배울 것이 있다. 프로그램이 성공한 원인과 실패한 원인을 반추해 보자.

(2) '감탄'하는 반응 또는 사례를 주목하라.

프로그램이 시행되는 동안 학생들에게 미친 영향은 무엇인가? 학생과 교사들의 긍정적인 감탄 사례를 관심 있게 관찰해야 한다.

(3) '부정적인 문제'를 해결하라.

학교의 품성 교육 프로그램이 단순히 '기능적'인 행사에서 '가장 효과적'으로 발전하려면 심도 있게 문제를 해결해야 한다. 문제 해결은 그 자체가 쉽지 않으나 반드시 필요하다. 중요한 문제는 학교 품성 교육 프로그램에 심각한 지장을 초래할 수 있기 때문이다.

2) 체계적인 문제 해결

문제 해결을 위한 체계적인 접근은 위원회가 문제를 더 객관적이고 효과적으로 다룰 수 있게 돕는다.

(1) 문제 파악

문제 해결의 첫 번째 단계는 문제를 제대로 파악하는 것이다. 문제에 대해 선입관이나 직관에 따라 서둘러 결론을 낼 수도 있다. 때로는 문제라고 생각하는 것이 어떤 이슈의 징후에 불과할 수도 있다. 문제를 파악할 때는 다음 사항을 질문해 보라.

*현재의 상황은 어떤가?
*바라는 상황은 무엇인가?
*이슈쟁점에 대해 위원들이 동의하는가?
*문제가 위원회의 영향권 범위 안에 있는가?

문제를 명확히 하기 위해 문제 진술문problem statement을 작성하면 도움이 된다. 문제 진술문은 현재 상태와 제대로 되어야 하는 상태의 차이에 초점을 두고, 당면한 문제와 그 영향을 측정하는 구체적 용어로 파악하는 것이다. "교사들이 품성 교육 프로그램에 잘 협조하지 않는다"는 식은 모호해서 유용성이 없다. 더 구체적이고 효과적인 문제 진술문의 예는 다음과 같다. "교사들이 품성 교육 내용을 일상적인 교과 과목에 어떻게 융합하는지 분명하지 않다. 그 결과 교사들의 절반 정도가 이 프로그램을 교실에서 효과적으로 실행하지 못하고 있다." 위원들이 문제를 분명히 이해하도록 문장으로 작성하는 것이 필요하다.

(2) 문제 이해를 위해 사실적인 정보를 사용하라.

문제를 파악한 후 다방면으로 분석한다. 정보를 통해 문제의 근원을 식별할 수 있는가? 그럴 수 있다면 열거하라. 해당 문제가 일정하게 발생하는가, 아니면 어떤 특정한 경우에만 발생하는가? 가끔 발생한다면 문제가 언제 발생할지 예측할 수 있는가? 해당 문제는 다른 어떤 것의 징조로 보이는가? 문제의 정도와 본질을 잘 파악하기 위해 몇 주의 시간이 더 필요한가? 이런 방법은 시간 낭비가 아니라 문제의 핵심을 정확히 파악하고 해결하는 방법이다.

(3) 가능성 있는 해결책을 생각해 보라.

문제를 잘 이해했으면 해결책을 세우기 시작하라. 위원회 외부 사람들의 의견을 듣는 것도 필요하다. 가능하면 결론을 내기 전에 다양한 가능성을 찾아보라.

(4) 최선책을 시행하라.

최선의 해결책을 선택할 때, 그 방법이 관련된 사람에게 어떤 영향을 미칠지 고려하라. 문제 해결로 인한 이득과 손실도 비교하고 검토할 필요가 있다. 때로는 문제를 빠르게 해결하려고 쉬운 방법을 택할 수도 있다. 많은 경우, 문제를 확실히 해결하려면 여러 단계를 거쳐야 한다.

해결책을 어떻게 시행할지 계획하는 것 역시 문제 해결의 성공 여부에 큰 영향을 미친다. 문제를 해결하겠다는 의지나 좋은 아이디어가 있어도 실행하지 않는 경우가 많다. 프로그램의 변화와 발전을 위해 위원들 간의 팀워크와 정기적인 대화와 필요하다면 계획을 수정해도 된다.

(5) 문제를 재평가하라.

문제 해결 과정에서 자주 간과하는 중요한 문제는 해결했다고 생각되는 문제를 재검토하지 않는 것이다. 해결책을 실행한 후 과연 그 문제가 개선되고 프로그램의 목표에 진전을 가져왔는지, 아니면 그 해결책으로 인해 다른 새로운 문제가 나타났는가를 점검하라.

3) 새로운 아이디어 실행하기

새로운 아이디어를 실행하는 것 또한 지속적인 개선을 위해 꼭 필요한 부분이다. 적어도 일 년에 한 번쯤은 지금까지 위원들이 진행해 오던 습관에서 탈피하여 신선한 접근법을 창출해 내는 데 초점을 둔 모임을 할 필요가 있다. 두 가지 이상의 새로운 아이디어를 가져오게 하여 토론하는 것도 좋은 방법이다. 다음과 같은 방법에서 아이디어를 찾을 수 있다.

① 프로그램 평가를 위해 수집한 데이터를 참고한다.
② 품성 교육을 실시한 다른 학교 교사들의 사례를 참고한다.
③ 품성 교육을 실시한 본교 교사들의 사례를 참고한다.
④ 품성 교육 전문 잡지, 인터넷 사이트, 품성 교육 세미나에서 얻은
   자료를 참고한다.

⑤ 새로운 위원을 영입하면 그들의 열정과 함께 신선한 아이디어를 얻을 수 있다.

2. 품성 계발 평가 방법과 모델[8]

2.1. 평가 준비

1) 인성교육평가위원회 구성

모든 인성교육위원회는 인성교육평가위원회를 구성해야 한다. 평가위원회는 교사, 교장 또는 교감을 포함한 행정 책임자, 품성 교육 위원, 학부모, 학생 및 기타 품성 교육에 관련된 사람들로 구성할 수 있다.

2) 평가 목적

학교의 품성 교육 시행은 목표, 결과, 기대 효과에 관련된 것으로 평가를 위한 자료 수집 역시 이 세 가지 요소에 맞춰야 한다. 이는 관계자들이 품성 교육 프로그램의 내용, 과정, 경과 등을 조사 확인하고 수정하거나 변경하는 데 목적이 있다. 품성 교육 프로그램이 관계성, 학습, 교육, 학생들의 행위, 학교 문화에 미친 영향의 정도를 파악하기 위해 평가하는 것이다.

---

8 에드워드 디로치 박사가 수집하고 연구 및 개발한 《품성 계발 평가 지침서》 (*Evaluating Character Development: 51 Tools for Measuring Success*)에서 발췌하고 편역했다.

평가 목적은 어떤 내용이 효과가 있었는지 아니면 효과가 없었는지, 문제가 있었다면 원인과 해결책은 무엇인지를 파악하고 개선하는 데 있다.

3) 평가 혜택

품성 교육 현장 평가에서 위원과 학교 관계자들에게 주는 혜택과 평가 계획을 개발함으로써 얻는 혜택은 다음의 네 가지로 볼 수 있다.

① **관계 강화**_ 평가 과정은 긍정적이며 협력적인 관계를 발전시킨다.

② **주인 의식**_ 평가 과정은 품성 교육의 사명과 목표에 대한 주인 의식을 강화하고, 무엇이 효과적이며 왜 변경해야 하는지 발견하려는 관심을 증대시킨다.

③ **학습자 공동체**_ 평가 과정은 이해 관계자들이 힘을 합하여 평가 기술과 전략을 배우고 시행하며 가치화하도록 한다.

④ **권한 부여**_ 평가 과정은 학생을 포함한 학교 교직원들에게 자기 평가와 자기반성을 하는 권한을 부여한다.

4) 평가 일정표

평가는 조심스럽게 시작하고, 신중하게 추진하며, 적절히 계획해야 한다. 평가위원회는 단시일에 모든 것을 평가할 수 없고 그렇게 해서도 안 된다. 한 학년에 품성 교육 프로그램 중 세 가지 주요 분야를 평가하는 것이 바람직하다. 평가위원들도 수업 또는 행정 업무 등 각자가 맡은 주된 업무

이외의 과외로 평가 책임을 맡았을 때 제한된 시간이 너무 부담되면 탈진하기 쉽다.

3. 평가 모델

품성 교육에 대한 연구 조사를 검토해 보면 대부분의 학교 품성 교육 프로그램은 다양한 부분을 포함하는 틀frame에 기준을 두고 있다. 에드워드 디로치 교수2004 는 다음과 같은 틀을 제안한다.

① **사명**_ 학교 품성 교육 프로그램은 사명문을 포함하고 있는가?
　　　　없다면 그 이유는 무엇인가?
② **핵심 가치**_ 학교는 품성 교육 프로그램과 활동, 학교 문화를 반영하는 핵심 가치를 선택했는가?
③ **리더십**_ 프로그램의 리더십은 관계자들에게 권한을 부여하는가?
④ **협동**_ 학부모와 협동이 학교 품성 교육 노력에 주요한 요소인가?
⑤ **시행**_ 평가위원회는 품성 교육 프로그램을 시행하고 유지하며 평가하는 계획을 세웠는가?
⑥ **훈련**_ 스태프 개발 계획은 모든 교직원이 품성 교육 프로그램에 참여하는 훈련을 마련했는가?
⑦ **자원**_ 프로그램 관계자들이 학교에서 학생들의 품성 계발을 준비

하기 위한 회의, 훈련, 방문, 교과 과정 검토와 기타 활동에 필요한 시간과 예산이 있는가?

⑧ **평가_** 리더들은 학교 품성 교육 프로그램의 목표, 기대치, 결과를 평가하는 계획을 세웠는가?

4. 사명문과 핵심 가치

> "효과적인 기관의 기초는 사명문과 핵심 가치다."
>
> Ken Blanchard and Mark O'Connor, *Managing by Values*

꿈과 비전은 사명이다. 사명은 행위, 실행, 실천을 이끄는 이념이다. 단체의 사명과 가치는 그 단체에 관한 것을 말해 준다. 주요 업무는 사명문과 가치 윤리 실천에 의해 살거나 죽는다. 효과적인 품성 교육 프로그램은 목표가 분명한 비전이 있다. 품성 교육을 실행한 펜실베이니아 주 학교의 사명문은 다음과 같다.

OOO 학교의 사명은 지역 사회와 함께 하는 교육 협동체의 리더로서 우수한 스태프들이 가족의 계속적인 참여와 함께 안전하게 돌보는 환경에서 가르치고, 종합 프로그램을 통해 급변하는 글로벌 사회에서 모든 학생이 윤리적이고 책임 있는 시민으로 성공하고 공헌할 수 있는 지식과 기술을 습득하도록 하는 데 있다. 따라서 우리가 믿는 도덕적으로 성숙한 사람은 다음의 특징을 지닌다.

① 인간의 존엄을 존중한다.
② 타인의 복지를 위해 적극적으로 책임을 다한다.
③ 개인의 이익과 사회적 책임을 융합한다.
④ 온전한 인격을 나타낸다.
⑤ 선택과 판단을 할 때 도덕적 원칙을 적용한다.
⑥ 평화적인 갈등 해결을 추구한다.

위 사명문 예제에서 프로그램 평가를 위한 주요 단어에 주목할 필요가 있다.

① 지역 사회와 가정의 협력
② 학생들의 장래 교육과 직업 준비에 필요한 지식과 기술
③ 학생들이 윤리적이며 책임 있는 시민이 되는 데 필요한 자질
④ 배려하고 안전하며 교육하는 학교 환경
⑤ 종합적이고 도전적인 학업과 품성 교육 프로그램
⑥ 존중, 정직, 책임, 윤리적 결정, 갈등 해결, 시민성

4.1. 사명문 작성

1) 우리 학교의 사명문

_____

_____

_____

_____

_____

_____

2) 주요 단어

_____

_____

_____

_____

_____

_____

4.2. 핵심 가치 파악

교육평가위원회는 관계자들이 학교의 핵심 가치를 파악하고 정의하도록 돕는다.

1) 지침

1. 개인적으로 가장 중요하게 여기는 가치를 5개 골라 O로 표시하라.

2. 당신의 학교에서 학생들이 배우고 실천할 가치를 X로 표시하라.

3. 4-5명씩 그룹으로 나누어 5-9가지로 합의된 가치를 선택하라.

정직	경청	책임감	존중	친절
협동심	예의	애국심	충성	정의
관용	인내	황금률	용기	돌봄 배려
신뢰성	자애심	공정성	끈기	자제력
믿음	사랑	겸손	진실성	순종
감사	성실성	헌신	지혜	창의력
기타	____	____	____	____

2) 소그룹에서 합의한 가치

1그룹 _____

2그룹 _____

3그룹 _____

4 그룹 _____

5 그룹 _____

소그룹 전체가 하나로 모인다. 각 그룹은 모든 그룹이 열거한 가치 중에서 한 개만 선택한다. 같은 방법으로 모든 그룹이 선택하여 최고 득점한 가치의 순서대로 학교의 핵심 가치를 최종 선택한다. 물론 한 학기 또는 한 학년에 너무 많은 가치를 나열할 수 없으므로 적당히 제한해야 한다.

3) 선택한 핵심 가치|여기에서 가치 번호는 우선순위가 아니다.

가치 1 _____

가치 2 _____

가치 3 _____

가치 4 _____

가치 5 _____

선택한 핵심 가치는 사람마다 다르게 이해하므로 공통의 정의를 작성해야 혼돈이 없다.

예) 경청: 상대방이나 그의 일을 존중하여 나의 온 마음과 힘을 다해 듣는 것참조: 한국품성계발원에서 발행한 다른 품성 덕목의 정의를 활용할 수 있다.

4) 공통의 정의

가치 1 _____

가치 2 _____

가치 3 _____

가치 4 _____

가치 5 _____

5. 기대치와 결과

평가할 때 기대치는 넓은 의미에서 관계자가 학교의 품성 교육 프로그램에 대한 기대와 그들이 바라는 학생들의 행동에 대한 기대치를 측정한다는 뜻이다. 다음의 샘플 평가는 학교 분위기와 학생들의 행동에 관한 교직원들의 인식, 학생들의 인식, 학부모들의 인식을 평가하는 것이다.

5.1. 학교에 대한 기대 결과

응답자 □ 교사 □ 행정 직원 □ 학생 □ 학부모 □ 기타 직원

지침 품성 교육 프로그램 실시 이후 개선된 사항을 다음과 같이 측정해 보라.

측정 치수 5 = 크게 개선 4 = 상당히 개선 3 = 약간 개선 2 = 최소 개선 1 = 개선 없음

1. 학교 이미지와 명성   5 4 3 2 1

2. 교직원 간의 관계   5 4 3 2 1

3. 교사와 학생 간의 관계   5 4 3 2 1

4. 공유하는 의사 결정   5 4 3 2 1

5. 더 안전한 학교 환경   5 4 3 2 1

6. 수업 방해 감소   5 4 3 2 1

7. 학부모 참여 증가   5 4 3 2 1

8. 학생 간의 관계 향상   5 4 3 2 1

9. 학교 핵심 가치에 대한 관심 증대   5 4 3 2 1

10. 예의 바른 행동과 언어 향상   5 4 3 2 1

11. 학교 이사들의 지원 증대   5 4 3 2 1

■ 품성 교육에서 가장 인상 깊은 것은?

_____

■ 앞으로 좀 더 개선할 사항은?

_____

■ 지역 사회에서 학교의 평판은 어떤가?

_____

■ 학교의 좋은 점과 싫은 점은 무엇인가?

5.2. 학생에 대한 기대 결과

응답자 □ 행정 직원 □ 교사 □ 보조 직원 □ 학생 □ 학부모 □ 기타 직원

지침 품성 교육 프로그램 실시 이후 학생들에 관해 다음 문항에 각각 대답하라.

1. 학생들의 행위 □ 크게 개선 □ 약간 개선 □ 개선 없음

2. 학교 중퇴율 □ 증가 □ 감소 □ 변동 없음

3. 출석률 □ 향상 □ 감소 □ 변동 없음

4. 태도 □ 크게 개선 □ 약간 개선 □ 변동 없음

5. 자원봉사 □ 향상 □ 감소 □ 변동 없음

6. 예의 바른 말 사용 □ 크게 개선 □ 약간 개선 □ 변동 없음

7. 학교 활동 참여스포츠, 동아리 등 □ 증가 □ 감소 □ 변동 없음

8. 학업 성취 □ 크게 향상 □ 약간 향상 □ 변동 없음

9. 공부에 대한 동기 유발 □ 크게 개선 □ 약간 개선 □ 변동 없음

10. 학생 신체 폭력 사례 □ 증가 □ 감소 □ 변동 없음

11. 언어 폭력, 왕따, 조롱 등 □ 크게 감소 □ 약간 감소 □ 변동 없음

12. 학교 규칙, 리더십에 참여 □ 크게 증가 □ 약간 증가 □ 변동 없음

13. 학생과 교사의 관계 □ 크게 개선 □ 약간 개선 □ 변동 없음

14. 수업 중 집중 태도, 주의력 □ 크게 개선 □ 약간 개선 □ 변동 없음

15. 학생의 존중 태도	□ 크게 향상 □ 약간 향상 □ 변동 없음	
16. 학생 간의 관계	□ 크게 개선 □ 크게 개선 □ 변동 없음	
17. 협동 수업 참여 소그룹, 팀워크 등	□ 크게 개선 □ 크게 개선 □ 변동 없음	
18. 비판적 사고력	□ 크게 향상 □ 크게 향상 □ 변동 없음	
19. 핵심 가치에 대한 지식	□ 상당하다 □ 약간 향상 □ 최저	
20. 학교 핵심 가치의 적용	□ 만족 □ 보통 □ 최저	

5.3. 학교 분위기: 태도 측정

학교 분위기 또는 문화를 평가하는 방법은 다양하지만 여기서는 학교 품성 교육 계획에 중점을 두었다. 다음 문항은 제임스 레밍James Lemings, 1993의 연구를 토대로 했다. 기억할 사항은 학교 분위기는 개인의 품성과 같다는 것이다.

응답자 □ 교사 □ 행정 직원 □ 학생 □ 보조 직원 □ 학부모 □ 기타

지침 다음 문항에서 동의하거나 동의하지 않는 정도를 O로 표시하라.

측정 차수 5= 강력히 동의함 4=동의함 3= 중간 2= 동의하지 않음
            1= 강력히 동의하지 않음

1. 이 학교는 안전한 곳이다.   5 4 3 2 1

2. 학교 규칙이 분명하고 공평하게 적용된다.   5 4 3 2 1

3. 학생의 학업 성취 기준이 분명하다.   5 4 3 2 1

4. 학생 행동 기준이 분명하다.   5 4 3 2 1

5. 교사와 학생 간에 상호 존중을 한다.   5 4 3 2 1

6. 왕따, 폭력, 동료 괴롭힘이 없다.   5 4 3 2 1

7. 학생들이 서로 존중한다.   5 4 3 2 1

8. 교직원들이 학교 핵심 가치를 실천한다.   5 4 3 2 1

9. 대부분의 교실에서 협동 학습이 이루어진다.   5 4 3 2 1

10. 학생들이 학교의 품성 교육 계획에 참여한다.   5 4 3 2 1

11. 학교의 실질적인 문제는 의사소통이다.   5 4 3 2 1

12. 학생들의 긍정적인 행위에 높은 기대감이 있다.   5 4 3 2 1

13. 대부분의 수업은 방해 없이 질서 있게 진행된다.   5 4 3 2 1

14. 학교에서 예의 바르고 긍정적인 언어를 사용한다.   5 4 3 2 1

15. 학교의 품성 교육 계획에 학부모가 참여한다.   5 4 3 2 1

16. 지역 사회에서 우리 학교의 핵심 가치를 가르치고

   배우며 실천하는 일을 지지한다.   5 4 3 2 1

17. 학교 식당은 안전하고 즐겁게 식사할 수 있다.   5 4 3 2 1

18. 다른 사람의 재산 또는 물건을 존중한다.   5 4 3 2 1

19. 학교에서 낙서를 볼 수 없다.   5 4 3 2 1

20. 기타 사항을 추가하라.   _____

5.4. 학교 분위기에 관한 인식 측정

응답자 □ 교사 □ 행정 직원 □ 학생 □ 보조 직원 □ 학부모 □ 기타

지침 다음 각 항목에서 이 학교에 대한 당신의 느낌을 O로 표시하라.

측정치수　　　　1　　　2　　　3　　　4　　　5

1. 배려와 돌봄	—— —— —— —— ——	배려 없음
2. 예의 바름	—— —— —— —— ——	예의 없음
3. 안전함	—— —— —— —— ——	안전하지 못함
4. 온화함	—— —— —— —— ——	냉랭함
5. 공정함	—— —— —— —— ——	불공정함
6. 존중함	—— —— —— —— ——	무례함
7. 책임감	—— —— —— —— ——	무책임
8. 신난다	—— —— —— —— ——	따분하다
9. 정직성	—— —— —— —— ——	정직하지 않음
10. 선하다	—— —— —— —— ——	나쁘다
11. 관용 있음	—— —— —— —— ——	관용 없음
12. 융통성 있음	—— —— —— —— ——	엄격함
13. 민주적	—— —— —— —— ——	권위주의적
14. 정중함	—— —— —— —— ——	예의 없음
15. 뒷받침함	—— —— —— —— ——	뒷받침 없음

■ 학교 품성 교육 계획을 세 마디로 설명하라.

_____

_____

_____

5.5. 학생들의 자기 평가

지침 다음 문항에서 학생 본인과 다른 사람은 학생의 행위를 어떻게 평가하나?

측정 차수 4= 항상 그렇다 3=대개 그렇다 2=가끔 그렇다 1= 전혀 아니다

당신은	평가자 :	본인	친구	교사	학부모
행동 전에 생각한다.		——	——	——	——
타인을 존중한다.		——	——	——	——
신뢰할 만하다.		——	——	——	——
분노를 통제한다.		——	——	——	——
배려하고 돕는다.		——	——	——	——
싸움을 피한다.		——	——	——	——
경청한다.		——	——	——	——
행동에 책임을 진다.		——	——	——	——
화를 삭힌다.		——	——	——	——
예의 있는 말을 사용한다.		——	——	——	——
또래의 압력을 잘 처리할 수 있다.		——	——	——	——
정직하다.		——	——	——	——

갈등을 평화롭게 해결하려고 한다.　　　——　　——　　——　　——

좋은 그룹의 멤버다.　　　——　　——　　——　　——

위험한 행동을 피한다.　　　——　　——　　——　　——

자신 또는 타인의 권익을 위해 나선다.　——　　——　　——　　——

5.6. 학생들의 대인 관계 행동 평가

응답자　　□ 학교 이사　　□ 교사　　□ 행정 직원　　□ 학생　　□ 학부모　　□ 기타 직원

지침　　다음 문항에 대해 기준치를 체크하라.

측정 치수　　대체로=70퍼센트 이상　　다수=50-69퍼센트　　일부=30-49퍼센트

　　　　　　　극소수=30퍼센트 이하

학교에서 품성 교육을 실시한 후 학생들이 다음의 친사회성 행동을 어느
정도 보이는가?

더 많은 존중심　　　　　　　　　　□ 대체로　□ 다수　□ 일부　□ 극소수

더 많은 책임감　　　　　　　　　　□ 대체로　□ 다수　□ 일부　□ 극소수

더 많은 배려심　　　　　　　　　　□ 대체로　□ 다수　□ 일부　□ 극소수

더 많은 협동심　　　　　　　　　　□ 대체로　□ 다수　□ 일부　□ 극소수

더 큰 친절　　　　　　　　　　　　□ 대체로　□ 다수　□ 일부　□ 극소수

위험 행위가 줄었다.　　　　　　　　□ 대체로　□ 다수　□ 일부　□ 극소수

외톨이가 줄었다.　　　　　　　　　□ 대체로　□ 다수　□ 일부　□ 극소수

수업에 더 많이 참여한다.	□ 대체로	□ 다수	□ 일부	□ 극소수
리더십에 많은 관심을 보인다.	□ 대체로	□ 다수	□ 일부	□ 극소수
갈등을 평화롭게 해결한다.	□ 대체로	□ 다수	□ 일부	□ 극소수
학생들 간의 긍정적인 관계	□ 대체로	□ 다수	□ 일부	□ 극소수
타인을 도우려는 의지가 크다.	□ 대체로	□ 다수	□ 일부	□ 극소수
학교 공부에 관심이 높아졌다.	□ 대체로	□ 다수	□ 일부	□ 극소수
서로의 차이점을 인정한다.	□ 대체로	□ 다수	□ 일부	□ 극소수
학교 활동을 즐긴다.	□ 대체로	□ 다수	□ 일부	□ 극소수
더 윤리적이다.	□ 대체로	□ 다수	□ 일부	□ 극소수
지역 사회의 일에 관심을 보인다.	□ 대체로	□ 다수	□ 일부	□ 극소수
약물 남용이 줄어들었다.	□ 대체로	□ 다수	□ 일부	□ 극소수
자원봉사를 원하는 학생이 늘었다.	□ 대체로	□ 다수	□ 일부	□ 극소수
왕따와 폭력에 맞선다.	□ 대체로	□ 다수	□ 일부	□ 극소수

- 품성 교육을 실시하기 전보다 가르치고 배우기에 더 나은 학교가 되었는가?

_____

- 품성 교육 실시 이후 학교의 문화와 분위기를 어떻게 평가하는가?

_____

■ 학교의 문화와 분위기가 어떻게 개선되어야 하는가?

_____

■ 학교 문화가 이전보다 나아졌다고 보는가, 나아지지 않았다고 보는
가? 그렇게 생각하는 이유는 무엇인가?

_____

_이 평가서를 평가위원회에 익명으로 제출해도 된다.

5.7. 위기 행동 인식 측정

이 평가는 품성 교육 전후에 실시하여 비교할 수 있다.

응답자   □ 학교 이사   □ 교사   □ 행정 직원   □ 학생   □ 학부모   □ 기타 직원

지침   학교에서 발생하는 부정 행위에 대한 의견을 O로 표시하라.

측정 치수   5= 대단히 심각하다 4= 다소 심각하다 3= 약간 심각하다

2= 문제없다 1=모르겠다

행위 종류	교내	교실	운동장	기타 장소
왕따 폭력	5 4 3 2 1	5 4 3 2 1	5 4 3 2 1	5 4 3 2 1
싸 움	5 4 3 2 1	5 4 3 2 1	5 4 3 2 1	5 4 3 2 1
절 도	5 4 3 2 1	5 4 3 2 1	5 4 3 2 1	5 4 3 2 1
기물 파손	5 4 3 2 1	5 4 3 2 1	5 4 3 2 1	5 4 3 2 1
약물 남용	5 4 3 2 1	5 4 3 2 1	5 4 3 2 1	5 4 3 2 1
주먹다짐	5 4 3 2 1	5 4 3 2 1	5 4 3 2 1	5 4 3 2 1
저주 욕설	5 4 3 2 1	5 4 3 2 1	5 4 3 2 1	5 4 3 2 1
밀치고 때림	5 4 3 2 1	5 4 3 2 1	5 4 3 2 1	5 4 3 2 1
비웃고 놀리기	5 4 3 2 1	5 4 3 2 1	5 4 3 2 1	5 4 3 2 1
공갈협박	5 4 3 2 1	5 4 3 2 1	5 4 3 2 1	5 4 3 2 1
조롱과 모욕	5 4 3 2 1	5 4 3 2 1	5 4 3 2 1	5 4 3 2 1
탓하고 비난	5 4 3 2 1	5 4 3 2 1	5 4 3 2 1	5 4 3 2 1
거짓말	5 4 3 2 1	5 4 3 2 1	5 4 3 2 1	5 4 3 2 1
별명 욕설	5 4 3 2 1	5 4 3 2 1	5 4 3 2 1	5 4 3 2 1
기타 비행	5 4 3 2 1	5 4 3 2 1	5 4 3 2 1	5 4 3 2 1

5.8. 학생의 청렴성 설문 조사

이 설문은 학생들의 청렴성정직, 부정 행위 등을 품성 교육 전후에 실시하여 비교하면 좋다.

지침 다음 질문에 정직하게 무명으로 답함으로써 학교와 학생의 품격을 높일 수 있다.

당신은 얼마나 자주	한 번도 없다	몇 번 정도	여러 번
1. 타인의 숙제를 베꼈나?	□	□	□
2. 인터넷 사이트에서 베꼈나?	□	□	□
3. 타인이 당신의 숙제를 베끼도록 했나?	□	□	□
4. 타인이 당신의 시험 답안을 베끼도록 했나?	□	□	□
5. 당신이 타인의 시험 답안을 베꼈나?	□	□	□
6. 부모, 가족, 친구가 당신의 숙제를 대신 했나?	□	□	□
7. 시험 칠 때 친구한테서 답을 받았나?	□	□	□
8. 시험 칠 때 노트나 커닝 쪽지를 사용했나?	□	□	□
9. 시험 칠 때 친구에게 답을 전해 주었나?	□	□	□
10. 시험 또는 숙제 준비를 못 해서 결석했나?	□	□	□

반 친구들 중에서 다음과 같은 행위를 한 경우를 아는가?

	예	아니오
11. 다른 학생의 숙제를 베낀 경우	□	□
12. 부모 또는 가족이 숙제를 대신 해 준 경우	□	□
13. 시험 칠 때 친구한테서 답을 받은 경우	□	□

14. 시험 칠 때 부정 행위를 한 경우 □ □

15. 다른 친구의 시험지를 베낀 경우 □ □

16. 인터넷 사이트에서 베껴서 숙제한 경우 □ □

17. 시험 또는 숙제 준비를 못 해 결석한 경우 □ □

18. 친구의 부정 행위를 안다면 당신은 어떻게 하겠는지 해당되는 사항을 모두 체크하라.

    □ 본인에게 부정 행위를 중지하라고 직접 말한다.

    □ SNS에 올린다.

    □ 선생님에게 보고한다.

    □ 다른 친구에게 말한다.

    □ 다른 부모에게 전한다.

    □ 아무것도 안 한다.

    □ 무언가를 하되 누구냐에 달렸다.

    □ 기타 방법

19. 누군가 친구를 괴롭히고 언어 폭력을 일삼는다면 어떻게 하겠는가?

    □ 그와 같은 비행을 보고 느끼는 점을 가해자에게 직접 말한다.

    □ 무시하고 아무런 조치도 취하지 않는다.

    □ 가해자가 계속 괴롭히게 내버려 둔다.

    □ 그런 비행을 보고 나쁘다고 느낀 점을 다른 사람에게 말한다.

    □ 그런 상황을 처리하는 방법에 대해 부모님에게 조언을 구한다.

    □ 그런 상황을 처리하는 방법에 대해 선생님 또는 상담교사에게서 조언

을 받는다.

  □ 그런 상황을 처리하는 방법을 친구에게 묻는다.

  □ 다른 방법

20. 약물 남용, 환각제 사용, 음주, 흡연, 절도, 부정 행위를 하는 경우를 보면 어떻게 하겠는가?

  □ 당사자에게 말하고 나의 염려를 표시한다.

  □ 당사자에게 말하고 도움을 구하도록 충고한다.

  □ 당사자의 부모님에게 전한다.

  □ 우리 부모님에게 조언을 구한다.

  □ 교사나 상담교사에게 알린다.

  □ 남의 일에 관여하고 싶지 않아서 아무것도 하지 않는다.

  □ 다른 친구들과 함께 대책을 강구한다.

  □ 다른 방법

다음 문항에 대해 동의하면 0, 아니면 X로 □ 안에 표시하라.

	0	X
21. 거짓말은 상황에 달렸기 때문에 상대적이다.	□	□
22. 사소한 일에 자주 거짓말하면 중요한 일에도 거짓말을 할 수 있다.	□	□
23. 수단이 목적을 정당화하므로 성취 결과가 중요하지, 방법은 상관없다.	□	□

24. 부정 행위도 상대적이다. 일이 얼마나 중요한가에 달렸다.　　□　　□

25. 부모님의 압박 때문에 이 학교 대부분의 학생들은 수단을
가리지 않고 매달린다.　　□　　□

26. 좋은 상급학교 진학해야 하는 압박감에 이 학교 대부분의 학생들은 좋은
점수를 얻으려고 부정 행위나 표절을 한다.

　　□　　□

27. 이 학교의 부정 행위는 어느 정도인가?

_____

28. 이 학교에서 남의 것을 훔치는 일은 어느 정도인가?

_____

29. 시험 또는 숙제에서 부정 행위 또는 거짓말을 하는 문제가 있다면 누구
의 잘못인가?

_____

30. 이 학교의 가장 큰 문제는 무엇인가?

_____

6. 종합 평가

이 장에서는 평가의 원리와 실행에 중점을 둔다. Character Education Partnership현재는 Character.org로 명칭 변경은 품성 교육의 11가지 원리를 제공한다. 품성 교육 전문가인 토마스 리코나, 에릭 챕스, 캐시 루이스가 공동으로 이 지침서를 작성했다. 이들 전문가는 11가지 품성 원리는 품성 교육을 실행하려는 모든 교육청이나 학교에 반드시 필요하다고 제안한다. 그러므로 학교 인성교육평가위원회는 이 지침들을 검토하고 연구하여 프로그램의 효과를 평가하는 방법으로 활용해야 할 것이다.

이 장에서는 CEP의 11가지 원리를 한 가지 이상 사용한 세 가지 평가 방법을 제시한다. 이 장의 마지막에 있는 '기획 정리'는 학교 인성교육평가위원회가 현재와 장래 평가를 측정하는 데 사용하면 된다.

6.1. 평가 지침 원리

1) 11가지 품성 원리

품성 교육 평가는 학교의 품성과 품성 교육자로서 교직원의 자질, 학생들의 좋은 품성 등을 측정한다. 효과적인 품성 교육은 프로그램의 성과를 평가하는 노력을 포함해야 한다. 이상의 세 가지 면에서 측정되는 혜택에 주목해 보자.

(1) 학교의 품성

학교는 얼마나 배려하는 공동체가 되었는가? 이런 측정은 "이 학교와 학급에서 학생들은 서로 존중하며 배려하는가?", "이 학교와 학급은 가족과 같은가?"와 같은 설문에 학생들이 얼마나 동의하는가를 보고 알 수 있다.

(2) 품성 교육자로서 교직원의 자질

"교사와 행정직원, 양호교사, 상담교사, 관리직원, 통학버스 운전기사 등의 교직원은 학교 품성 계발을 육성하기 위한 일을 얼마나 이해하는가?", "품성 계발 실행을 위해 개인적으로 얼마나 헌신했는가?", "품성 교육 실행을 위한 기술은 어느 정도 개발했는가?", "교직원들이 품성 교육자로서 역량을 키우는 데 얼마나 일관성 있게 행동하는 습관을 보이는가?"

(3) 학생들의 품성

"학생들은 핵심 윤리 가치에 대해 얼마나 이해하고 헌신하며 실천했는가?", "학생들의 출석률이 높아졌는가?", "학생들의 싸움·폭력·정학 처분이 감소했는가?", 기물 파손 행위가 줄어들었는가?", "약물 복용 사례가 줄었는가?"

학교는 품성의 세 가지 측면인 지성·감성·행위를 도덕적 판단예) "시험 때 부정 행위를 했는가?", 도덕성 헌신예) "발각되지 않을 자신이 있으면 부정 행위를 하겠는가?",

자아 도덕성 행위예)"지난해 숙제하거나 시험 볼 때 부정 행위를 몇 번이나 했는가?" 등을 측정하기 위해 익명의 설문을 통해 평가한다. 이상의 설문은 품성 교육 실시 전과 후에 평가하여 효과를 비교할 수 있다.

6.2. 품성 교육 실시를 위한 지침 질문

학교의 품성 교육 효과를 측정하는 다른 원리는 다음과 같은 평가 질문 양식이다.

1. 품성 교육 활동은 핵심 윤리 가치를 좋은 품성의 기반으로 삼는가?
2. 종교적 · 문화적 전통과 원리를 초월하는 핵심 가치가 명확한가?
3. 학교는 핵심 가치를 분명히 밝히고 정의하며 공적으로 증진시키는가?
4. 행동 규범에 책임이 있는 모든 구성원이 학교의 핵심 가치에
   동의하는가?
5. 품성 교육이 인지 · 정서 · 행동의 범주를 포함하는가?
6. 학교 구성원들이 스스로 주도하며 종합적인 방법을 취하는가?
   a. 학생들의 품성을 개발하려는 신중한 방법을 보여 주는 계획이 있는가?
   b. 핵심 가치가 학교 생활의 모든 면에 융합하는가?
   c. 학교 품성 교육 프로그램과 활동에 대해 포괄적으로 접근하는가?
7. 학교는 배려하고 예의 바르고 공정한 공동체인가?
   a. 핵심 가치가 학교의 일상에 포함되었는가?
   b. 아니면 그 이유는?

8. 학생들이 배우는 핵심 가치를 적용할 기회가 있는가?

9. 협동 학습이 교육 과정에 있는가?

10. 학생들이 배운 핵심 가치를 적용하는 자원봉사 프로젝트가 있는가?

11. 학생들은 친사회 기술을 배우고 실천할 기회가 있는가?

12. 교과 과정과 품성 교육이 강력하고도 긍정적으로 연결되어 있는가?

13. 교사들이 품성 교육을 의미 있고 도전적인 교과 과정으로 보는가, 아니면 과외 활동으로 보는가?

    a. 품성 교육 프로그램이 가르치고 배우는 과정에 포함되어 있는가?

    b. 교과 과정에서 품성 교육 프로그램의 핵심 가치를 구체화하는가?

14. 품성 교육 프로그램은 학생들의 본질적인 동기를 증진시키는가?

15. 원칙을 벗어난 보상과 벌칙이 최소화되었는가?

16. 훈계나 징계 방법이 핵심 가치에 대한 헌신을 촉진하는가?

17. 규칙 위반 절차가 학생들의 이해와 책임에 도움이 되는가?

18. 학교의 모든 성인이 품성 교육에 대해 주인 의식을 가지고 있는가?

    a. 직원 간의 관계가 학교 핵심 가치를 구현하는가?

    b. 직원들은 학생들의 모델로서 멘토 역할을 생각해 볼 수 있는 시간과 자원이 있는가?

19. 학생들의 품성을 개발하기 위해 최선을 다하는 리더가 있는가?

20. 학부모와 지역 사회는 학교의 품성 계발 계획에 적극적으로 참여하도록 초청받는가?

    a. 학부모 대표가 인성교육위원회에 있는가?

b. 없다면 그 이유는?

21. 학교의 핵심 가치와 품성 교육 계획을 장려하기 위해 기업, 종교 단체, 청소년 기관, 정부 기관과 언론사가 동원되었나?

22. 학교는 진행 과정을 측정하기 위한 평가 계획이 있는가?

6.3. 평가 원리 측정

토마스 리코나 교수는 CPE의 11가지 품성 원리에 기초한 평가 방법을 만들었다. 그는 이 방법을 자기 평가 도구로 사용해도 되고 외부 관찰자가 사용해도 된다고 말한다. 학교의 품성 교육을 평가하는 도구로 사용할 수 있게 평가 원리 부분만 요약했다

응답자 □ 품성교육평가위원 □ 이사회 □ 교사 □ 상담교사

지침 다음 측정 정도에 따라 문항에 답한 후 평가위원회에 제출하라.

측정 차수 1= 낮은 실행 3= 중간 실행 5= 높은 실행 0= 모르겠음

1. 우리의 프로그램은 학교의 품성을 도덕 공동체로 평가한다. ( )

2. 교직원들이 프로그램의 조직적 평가를 정기적으로 실시하고 프로그램 개선을 계획하기 위해 평가 결과를 사용한다. ( )

3. 우리 학교는 직원들에게 품성 교육을 개선하기 위한 개인적 노력을 정기적으로 보고하라고 요구한다. ( )

4. 우리 학교는 품성 특질의 이해도 개발 면에서 학생들의 진척 상황을 평가

한다. ( )

5. 우리 학교는 정서적 애착과 품성 교육의 자질을 개발하는 데 있어 학생들의 성장을 평가한다. ( )

6. 우리 학교는 품성의 자질을 나타내는 행동 면에서 학생들의 성장을 평가한다. ( )

7. 우리 학교는 학생들의 품성 평가를 성적표에 표기한다. ( )

6.4. 자기 평가 도구

다음의 자기 평가는 로렌스타운십 교육청에서 우수 품성 교육 학교를 선정하는 11가지 품성 효과 원리를 기준으로 만들었다.

측정 치수 5=수 4=우 3=미 2=양 1=가

우리 학교의 품성 교육 프로그램은

1. 핵심 윤리 가치를 좋은 품성의 기본으로 촉진한다. ( )

실행한 증거는 다음과 같다.

_____

_____

2. 생각하고, 느끼고, 행동하는 실천을 포함하도록 종합적으로 설정되었는가? ( )

실행한 증거는 다음과 같다.

_____

_____

3. 학교 생활의 모든 단계에서 핵심 가치를 장려하는 의도적 · 주도적 · 종합
  적 방법을 요구한다. (   )
  실행한 증거는 다음과 같다.

_____

_____

4. 학교를 돌보는 공동체로 육성하고 만든다. (   )
  실행한 증거는 다음과 같다.

_____

_____

5. 학생들에게 도덕적으로 행동할 수 있는 기회를 제공한다. (   )
  실행한 증거는 다음과 같다.

_____

_____

6. 모든 학생을 존중하고 그들이 성공하도록 돕는 의미 있고 도전이 될 만한
  교과 과정을 포함하고 있다. (   )

실행한 증거는 다음과 같다.

_____

_____

7. 학생들이 내면의 동기를 개발하도록 최선의 노력을 한다. ( )

   실행한 증거는 다음과 같다.

_____

_____

8. 모든 구성원이 품성 교육에 대해 공동의 책임을 지고 학생들을 이끄는 동
   일한 핵심 가치를 준수한다. ( )

   실행한 증거는 다음과 같다.

_____

_____

9. 교직원과 학부모에게 도덕 리더십을 요구한다. ( )

   실행한 증거는 다음과 같다.

_____

_____

10. 학부모와 지역 사회 지도자를 품성 교육 개발 동반자로 초청한다. ( )

실행한 증거는 다음과 같다.

_____

_____

11. 학교의 품성, 품성 교육자로서 교직원의 자질, 학생들의 좋은 품성 등을
   평가하고 측정하는 것이 중요함을 인식하고 있다. (   )
   실행한 증거는 다음과 같다.

_____

_____

6.5. 교사 대상 품성 교육 프로그램 효과 평가

다음 평가는 샌디에이고대학교 박사 과정의 제니 페론Jenny Ferrone이
캘리포니아 주 그린필드중학교의 교사들을 대상으로 품성 교육 프로그
램을 평가한 방법이다. 초등학교 교사 포함

무기명 또는 교사 이름

근무 연수 ㅁ 5년 이하 ㅁ 5년 이상

지침 학생들에 관한 다음 문항에서 본인이 평가하는 답을 골라 O로 표시하라.

측정 차수 5= 강력히 동의 4= 동의 3= 반대 2= 강력히 반대 1= 모르겠음

1. 품성 교육을 실시한 이후 우리 학교의 학생들은 다음과 같은 품성 자질을

보였다.

정중함(　　　) 헌신(　　　) 존중심(　　　) 감사(　　　) 솔선(　　　)

책임감(　　　) 자제력(　　　) 정직성(　　　) 협동심(　　　) 경청(　　　)

2. 품성 교육을 실시한 이후 우리 학교 학생들은 다음 사항에서 개선되었다.

학업 성취(　　　) 학습 동기 부여(　　　) 협동 학습 활동(　　　) 학생 간 관계

(　　　) 결정적 사고력(　　　) 핵심 가치에 대한 이해(　　　) 학교 재산에 대

한 존중(　　　)

목표 평가

지침 학교 품성 교육의 목표 달성에 대한 평가

1. 학생들이 효과적으로 상호작용을 한다.

　□ 대부분　□ 일부　□ 약간　□ 없음

2. 학생들이 학교와 연계되었다고 느낀다.

　□ 대부분　□ 일부　□ 약간　□ 없음

3. 학생들이 자신에 대해 긍정적으로 느낀다.

　□ 대부분　□ 일부　□ 약간　□ 없음

4. 학생들이 서로 간의 관계를 개선했다.

　□ 대부분　□ 일부　□ 약간　□ 없음

5. 학생들이 학교에 대해 긍정적으로 느낀다.

□ 대부분   □ 일부   □ 약간   □ 없음

6. 학생들이 매월 품성 가치를 배우고 실천한다.

□ 대부분   □ 일부   □ 약간   □ 없음

실행 평가

지시 사항   품성 교육 실행에 대한 다음 문항에 답하라.

측정 치수   5= 최대   3= 중간   1= 전혀 아님

1. 프로그램이 잘 조직되었다. (   )

2. 교사들이 품성 교육에 헌신했다. (   )

3. 행정 부서 이사회가 이 프로그램을 위해 리더십을 제공했다. (   )

4. 학생들이 적극적으로 참여했다. (   )

5. 프로그램이 목표를 달성했다. (   )

6. 교사들이 프로그램의 품성 가치를 지지했다. (   )

7. 교사들이 품성 가치를 수업 시간에 매일 활동에 융합했다. (   )

8. 교사들이 그달의 주제 품성 가치를 교과 과정에 융합했다. (   )

9. 각 팀이 그달의 품성 가치를 위한 활동을 계획했다. (   )

10. 학부모들이 학교의 품성 교육 프로그램을 지원했다. (   )

11. 교사들이 품성 가치를 가르치기 위해 '적용 사례'를 사용했다. (   )

12. 품성 교육이 커리큘럼과 학교의 일상 활동에 어느 정도 융합되었는가?

(   )

13. 각 팀이 그달의 품성 가치를 학습에 융합하는 계획을 한다. (   )

14. 각 팀이 그달의 품성 가치를 교과 과정에 융합하려고 노력한다. (   )

15. 각 팀이 월별 품성 가치를 실천하는 학생들을 포상하기 위한 인증 활동을 결정한다. (   )

16. 교사들이 그달의 품성 가치를 선택하고 활동하기 위해 품성 교육 핸드북을 사용한다. (   )

17. 교사들이 그달의 품성 가치를 학생들이 배우고 실천하도록 여러 가지 방법을 사용한다. (   )

18. 매주 팀 멤버들이 '이달의 품성인'으로 학생 한 명을 추천한다. (   )

19. 매달 팀 멤버들이 선발된 학생들을 위해 인증과 포상 활동을 실시한다. (   )

질문과 지침   다음 질문의 답을 간략히 서술하거나 예/아니오로 대답하라.

1. 품성 교육의 혜택은 무엇인가?

_____

_____

_____

2. 품성 교육이 학생들의 행동을 바꾸는가?

_____

_____

_____

3. 품성 교육을 개선하려면 무엇이 필요한가?

_____

_____

_____

4. 품성 교육의 목표와 기대치가 학생들에게 분명한가?

□ 예　□ 아니오

5. 교사들이 품성 교육을 전적으로 지지하는가?

□ 예　□ 아니오

아니라면 그 이유는?

_____

_____

목표와 지침　교사와 이사진이 주목해야 하는 품성 교육의 목표는 무엇인가?

□ 학생 간의 관계　□ 학생과 학교의 관계　□ 월별 아이디어의 가치

□ 학생들의 자존감   □ 학생들의 학교에 대한 태도

□ 학생들의 지역 사회에 대한 느낌

당신의 의견

1. 당신의 견해로 본 품성 교육의 혜택은 무엇인가?

_____

_____

_____

2. 품성 교육 프로그램의 장점은 무엇인가?

_____

_____

_____

3. 품성 교육 프로그램의 단점은 무엇인가?

_____

_____

_____

4. 개선할 점은 무엇인가?

_____

_____

6.6. 학년말 평가 점검

인성교육평가위원회가 한 학년의 임무를 끝내면 성취한 점과 앞으로 해야 할 사항을 검토하기 위해 다음의 점검 목록을 활용할 수 있다.

1단계 검토 사항 – 품성 교육의 틀구조

2단계 검토 사항 – 구성을 위한 질문

3단계 검토 사항 – 평가를 위한 지침 원칙

4단계 검토 사항 – 평가를 위한 질문

5단계 검토 사항 – 평가를 위한 원칙

6단계 검토 사항 – 학년 말을 정리하기 위해 다음의 구성을 위한 질문을 사용하라.

- 우리는 프로그램의 어떤 부분을 평가했는가?
- 우리는 이 평가 업무에서 무엇을 발견했는가?
- 우리는 발견한 자료를 어떻게 사용했는가?
- 우리가 발견한 사항에 대해 학교 관계자와 얼마나 효과적으로 대화 했는가?
- 우리가 평가하면서 어떤 것을 변경시킬 수 있었고, 어떤 것을 변경해 야 했는가?
- 지금 변경하거나 개선해야 하는 것은 무엇인가?
- 다음 학년의 평가를 위한 제안은 무엇인가?

■ 다음 학년의 평가 계획을 위해 지금 무엇을 준비해야 하는가?

7. 품성 교육 연수 과정 안내

필자는 품성이라는 주제를 접하고 수많은 참고서를 탐독하고 연구하는 한편 훈련 과정을 통해 책에서 배울 수 없는 노하우를 익히고 통찰력을 길러서 지금에 이르렀다. 품성 교사 또는 학부모 역시 더 효과적으로 품성 교육을 하려면 본원에서 지난 15년간 성공리에 실시해 온 연수 과정에 참가하기를 추천한다.

7.1. 프로그램이 아니라 삶의 원리를 쌓는 품성 계발

품성 교육은 삶의 기초 공사이며 적용이 쉽고 효과가 빠르다. 미국의 경우 1990년대 초부터 주 정부가 의무화하여 유치원, 초등학교, 중고등학교까지 품성 교육을 실시하여 효과를 얻고 있다. 특히 빌 클린턴 대통령이 1996년과 1997년 연두교서에서 선한 가치와 선한 시민성을 교육해야 한다고 강조한 이후 50개 주 가운데 80퍼센트가 품성 교육을 실시하며 연방정부가 재정 지원을 하고 있다.

한국도 세종초등학교, 동화중고등학교, 독수리중고등학교, 샘물기독학교, 조수아홈스쿨, 안양 꿈열매유치원, 분당 기쁨유치원, 일산 효성어린이집, 죽전 충성어린이집, 수원 쉐마학교, 일산 GLCS국제학교, 부천

굿뉴스사관학교, 당진 꿈의학원, 김제 아가피아스쿨, 부천 예람교회, 인천 하얀교회, 분당 소망교회 외 상당수의 학교와 기관에서 품성 교육을 실시하여 효과를 보고 있다.

7.2. 기대 효과

1. 교사^{학부모 포함}는 분명한 비전과 교육적 사명감을 세워 보람차고 행복한 직장 생활을 한다.
2. 학업 성취, 폭력 감소, 징계 감소를 통해 교사와 학생, 학부모 간의 협동심과 존중심을 증대한다.
3. 밝은 표정, 좋은 생각, 좋은 표현, 좋은 결단에 의한 좋은 품성은 좋은 인간 관계^{친구 관계}를 만든다.

프로그램 계획안(15시간)*

시간	주제	내용	목표
제1교시	현대 교육의 현상 품성 개념 이해와 효과	−한국 학교는 전쟁터다. 품성이란 무엇인가? −미국 교육성이 선별하는 전국 최우수 공사립 학교들의 품성 교육 성공 사례와 통계 증명, 품성 교육의 역사와 철학의 이해	No 스펙 시대를 맞아 영어, 수학 등 지식 위주가 아닌 인격 교육의 동기 유발, 자존감과 지도력 개발

제2교시	품성 교육의 이론과 실제	−자연 모델을 통한 효과적 통찰 −역사 모델을 통한 품성 계발 −스토리텔링을 통한 품성 계발 −육체 단련, 활동, 게임을 통한 품성 계발 −바른 품성 칭찬을 통한 품성 계발	진정한 성공과 행복의 열쇠가 품성에 달려 있음을 역사적 사실로 인지하여 교육의 틀을 바꾸고 질을 높이며 교사의 직업 만족과 긍지를 세운다.
제3교시	품성 교육 실습 (워크숍)	바른 경청: 학교, 가정, 사회에서 경청을 가르치지 않으면서 "왜 말을 듣지 않느냐?"라고 윽박지르는 고질적 문제 해결책	학생들이 교사 또는 부모님 혹은 타인을 존중하고 그들에게 집중하는 자세태도 향상
제4교시	품성 칭찬 실습 (워크숍)	잘못된 칭찬의 역기능과 바른 품성 칭찬: 한국의 체면 문화로 인해 사람의 성품에 역기능을 하는 아첨과 아부를 배제하고 좋은 품성을 계발하는 동시에 학업을 성취한다.	바른칭찬 문화를 통해 가정, 학교, 사회의 화목한 공동체 형성

*입문 과정 15시간, 초급 과정 22시간, 중급 과정 33시간 등이 있다.

교육 목표

■ 1단계: 올바른 생각의 변화로 올바른 삶의 가치와 비전을 세운다.

■ 2단계: 올바른 태도의 변화로 올바른 결단을 한다.

- 3단계: 올바른 결단으로 올바르게 생활한다.
- 4단계: 인간관계 기술, 지식과 지혜로 올바른 품성을 나타낸다.
- 5단계: 영, 육, 혼의 전인 교육으로 품격 있는 리더를 기른다.

교육 효과

- 삶의 가치관을 바꾸고 분명한 비전과 사명을 세워 보람 있게 산다.
- 인간관계의 분노와 갈등을 극복하고 성공하는 비결을 배운다.
- 잘못된 습관, 대화, 태도, 행동을 빠르게 고쳐서 품격 있는 리더가 된다.
- 밝은 표정, 좋은 생각, 품성 칭찬으로 존경받는 사람이 된다.
- 좋은 품성을 배워 가정과 사회에서 승리한다.
- 자기 적용, 자녀 적용, 부부 적용, 직장 적용으로 행복하게 산다.

교육 특징

- 행동 변화와 생활 실천을 위해 이론과 실제 강의, 임상 훈련, 개인 발표로 실천 교육을 한다.

교육 특전

- 일반 과정입문 수료증과 전문가 과정초급, 중급 수료증을 받는다.
- 본원 산하 품성교육연합회KACE 회원으로 가입한 후 본원 발행 서적과 자료를 할인받는다.

- 소정의 과정 후 기본법에 의해 교육부 인증 품성지도사 또는 품성 교육사 자격증을 받고 초청 강사로 파견될 수 있다.
- 전문가 과정을 수료하면 본원 품성 교육 강사로 선임될 수 있다.
- 소정의 과정을 거치면 본원 교육전문위원으로 선임되어 지역 사회 내 정부, 기업, 학교와 사회 단체 지도자를 대상으로 품성 교육 컨설팅을 할 수 있다.

모집 대상

- 사회 단체 지도자, 경영자, 목회자, 교육자로서 인성 교육 전문가를 원하는 자.
- 학부모, 특히 홈스쿨 교사로서 자녀의 인성 교육과 자기 계발을 원하는 자.
- 인격 도야와 관계 훈련으로 인간 갈등 문제를 해결하여 행복하기 원하는 자.
- 인생의 비전과 사명을 세우고 존경받는 성공인이 되기 원하는 자.
- 좋은 품성 훈련을 통해 업무의 효율적인 생산성 향상을 원하는 자.

아이들의 태도 때문에 답답해서

장○숙(교사)

아이들을 가르치면서도 허기를 느낀 것은 무언가를 하지만 태도의 변화가 미미했기 때문이었습니다. 아이들의 변화를 보고 싶은 소망이 있었던 것이죠. 하지만 어떻게 해야 할지 몰라서 답답했는데, 품성을 구체적으로 배우고 실습하니 마음이 충만해졌습니다. 부모 교육과 교사 교육에서 품성 자료를 함께 나눌 생각입니다.

갈증을 해결해 준 생수

박○열(목사)

평상시 품성에 관심이 많았습니다. 나름대로 품성에 관한 책을 읽으며 연구도 했습니다. 하지만 폭이 좁고 풍부하지 못해서 갈증을 느끼던 차에 공개 세미나에 참석하게 되었습니다. 세미나는 품성에 관한 갈증을 해결해 준 생수와 같았습니다. 정말이지 시원한 생수를 몇 잔 들이켠 시간이었습니다. 특히 품성 계발 속성 교육은 사막에서 만난 오아시스였습니다. 품성의 기본 개념, 구체적인 적용 가이드, 칭찬의 바른 개념과 방법을 확실하게 붙잡았습니다.

중요한 것, 진정한 가르침을 알아

성O련(교사)

'품성'이라는 낱말 자체에 마음이 끌렸습니다. 저 자신의 변화보다도 '이 가치를 배워서 아이들에게 어떤 영향을 줄 수 있을까?'라는 마음과 더욱 행복한 마음으로 살아갈 아이들을 생각하며 마음이 참 설레기도 했습니다. 실제로 강의를 듣고 나니 아이들 앞에 설 때 가장 중요한 것 그리고 아이들에게 진정 가르쳐야 하는 게 무엇인지 떠올랐습니다. 제가 가르치는 국어 과목을 통해 아이들이 좋은 품성을 회복할 수 있도록 가르쳐야겠다는 생각이 강하게 듭니다.

막연했던 개념이 명확해져

전O민(목사)

평상시 인격과 성품교육의 필요성을 뼈저리게 느끼고, 세상의 도리를 지키지 못하는 기독교인들의 인격을 보면서 성품 회복에 관심을 갖기 시작했습니다. 강의 내용이 제 생각과 딱 맞는 것도 있고 그렇지 않는 것도 있지만 열린 마음으로 열심히 들었습니다. 박사님의 오랜 연구와 노력이 우러나는 강의를 들으니 막연했던 개념들이 명확해지고 정리가 되었습니다. 이 공부를 통해 품성 계발에 더욱 노력하기로 결심했습니다.

강영우. 『도전과 기회: 3C 혁명』. 서울: 생명의 말씀사. 2004.

마빈 토케이어. 이명훈 엮음. 『탈무드 지혜』. 서울: 홍진미디어. 2012.

서명석. 『인격 교육』. 2008. 2(1) 81-103.

서명석. "도덕, 윤리, 인성 그리고 인격_개념들 간의 가로 지르기와 인
　　격 교육의 개념들." 한국인격교육학회. 『인격과 교육 사이의 파열
　　음』. 파주: 양서원. 53-90.

서종인 편역. 『탈무드-유머 편』. 서울: 위즈_온. 2011.

서종인 편역. 『탈무드-천재교육 편』. 서울: 위즈_온. 2011.

안주영 역. 『품성 회보 시리즈 1-12』. 서울: 한국품성계발원. 2003-
　　2006.

안주영 역. 『품성 교육 시리즈 1-4』. 서울: 한국품성계발원. 2006.

안주영 역. 『진정한 성공의 길』. 서울: 한국품성계발원. 2005.

진교훈. "선진 유가에서 본 인격의 의미." 『인격』. 서울대학교 출판문화
　　원. 2007.

최애경. 『성공적인 커리어를 위한 인간 관계의 이해와 실천』. 서울: 청
　　람. 2011.

폴 테일러. 『윤리학의 기본 원리』. 김영진 옮김. 서울: 서광사. 1985.

최봉영. "대한민국의 교육 이념과 교육 목적에 대한 검토." 한국인격교
　　육학회 편. 『인격과 교육 사이의 파열음』. 파주: 양서원. 2010.

Bennett, William J. ed. *The Book of Virtues : A Treasury of Great Moral Stories*. New York: Simon & Schuster Paperbacks. 1993.

Bennett, William J. ed. 최홍규 옮김. 『미덕의 책 1, 2, 3』. 서울: 평단문화사. 1994.

Bennett, William J. ed. *The Moral Compass*. New York: Simon and Schuster. 1995.

Bennett, William J. ed. *The Children's Book of Virtues*. New York: Scholastic Inc. 1996.

Bennett, William J. ed. *The Children's Book of Heroes*. New York: Simon & Schuster. 1997.

Bennett, William J. ed. *The Book of Virtue for Young People: A Treasury of Great Moral Stories*. New York: Simon & Schuster Books for Young Readers. 1997.

Carnegie, Dale. *How To Win Friends and Influence People*. New York: Simon & Schuster, Inc. 2009.

Character Counts! *Character Education Resources*.

Character Counts! *CDS Training Materials(2007)*.

Covey, Stephen R. *The Seven Habits of Highly Effective People: Restoring the Character Ethic*. New York: Fireside Book. 1990.

David Ross's translation of Aristotle's *Nicomachean Ethics* New York:

Oxford University Press, 1925.

DeRoche, Edward F. *Evaluating Character Development: 51 Tools for Measuring Success.* Chapel Hill, NC: Character Development Group, Inc. 2004.

Dotson, Anne C & Wisont, Karen D. *The Character Education Handbook: Establishing A Character Program in Your School.* Cleveland, Ohio: Character Press. 2001.

Guinness, O. S. *When No One Sees: The Importance of Character in an Age of Image.* Colorado: Navpress. 2000.

Heidel, John and Lyman–Mersereau, Marion. 1999. *Character Education Year I, II. Grades 1–5.* Nashville: Incentive Inc.

Heidel, John and Lyman–Mersereau, Marion. *Character Education Year I, II. Grades 6–12.* Nashville: Incentive Inc. 1999.

Lemings, James. *Character Education: Lessons from the Past. Models for the Future Camden. Me.:* Institute for Global Ethics. 1993.

Lewis, C. S. *The Abolition of Man: How Education Develops Man's Sense of Morality.* 1947.

Lickona, Thomas. "The Return of Character Education." *Educational Leadership* 5 (3) :6–11. 1993.

Lickona, Thomas. *Character Matters: How to Help Our Children Develop Good Judgment, Integrity, And Other Essential Virtues.* New York: A

Touchstone Book. 2004.

Lussier, Robert N. *Human Relations in Organization: Applications and Skill Building.* New York: McGraw–Hill. 2010.

Rachels, J. & Rachels, S. *The Elements of Moral Philosophy.* McGraw–Hill International Edition. 2007.

Ryan, Kevin and Bohlin, Karen. *Building Character in Schools: Practical Ways to Bring Moral Instruction to Life.* San Francisco: Jossey–Bass Publisher. 1999.

Sommers, C. H. "Are We Living in a Moral Stone Age?" *Imprimis.* 273.

Staff. "Brush Up Your Shakespeare." *The Wall Street Journal October* 5. 2004. p. A1, B1.

Wright, N. T. *After You Believe: Why Christian Character Matters.* NY: Harper Collins Publishers. 2012.

Wynne, Edward A. & Ryan, Kevin. *Reclaiming our Schools: Teaching Character, Academics, and Discipline.* 1nd Edition. NJ: Prentice–Hall, Inc. 1997.

현직

- 한국품성계발원CDI-Korea 대표
- 사단법인 한국품성교육협회 회장
- 국제품성훈련원 강사자격증
- 뉴욕주립대학교 품성교육원 연수2007년
- Character Counts! 강자 자격 과정2007년,
  CC!미국품성연합회 회원
- 인성교육범국민연합 회원/대의원

경력

- 미국 노던뱁티스트Northern Baptist신학교 객원교수 역임
- 서울기독대학원 품성 계발 초빙교수 역임
- 햇불트리니티대학원대학교 객원교수 역임

한국과 미국에서 '품성 계발' 도입, 세미나 실시2만 5,000여 명 참가

- 한국기독교리더십연구원, 서부 캐나다 2세 대학생 연합 컨퍼런스, 한국기독교 TV 세미나 방영, CBS-TV 포커스 인물 출연, 서울극동방송 주최 세미나, 강원도 예수원 품성 교육, 동산고교 교사 품성 교육, 당진 꿈의 학원 교사 교육, 햇불트리니티대학원 정규 과정 및 CEO 과정, CBMC 기독

실업인회 지도자 훈련, 한동대학교 상담자 훈련, 총신대학교 사회교육원 교사 교육, 합동총회교육국 주최 심포지엄 강사, 김제 아가피아리더스쿨 교사 교육, 세종초등학교 학부모 교육, 천지유아교육원 교사 교육, 일산 GLCS 국제학교 교사 및 학부모 교육, 라이즈업코리아 지도자, 예장대전노회 교사 수련회, 소망교도소 재소자 품성 교육, 양정여중고 교사 세미나, 강서교육지원청 유아교사 품성 교육, 안산시립지역아동센터 교사 교육, 울산 엘림병원 직원 교육 •경북 영천시 공무원 220명 22시간 교육 •전북도청 공무원 330명 품성 교육 실시 외 다수.

학력

- 일리노이주립대학교 다문화민족역사 Ph.D. 과정 수료
- 시카고신학대학원 종교사회학 Ph.D. 과정 수료, 목회학 박사
- 개렛신학대학원 목회학 석사 M.Div.
- 일리노이주립대학교 지역사회개발학 석사 M.A.
- 일리노이주립대학교 사회과학연구소 주최 '종교와 다문화 민족' 학회에서 논문 발표1993
- 노스팍대학교 스웨덴 이민 150주년 기념 「소수 민족과 인간관계」 논문 발표1996

저서

- Melvin Holli 교수와 공저 "Chicago' Upward—bound Koreans" in Chicago Enterprise[93]

- Melvin Holli and Peter d'A. Jones 공저 미국 대학 교재 *Ethnic Chicago*[1995년 4개정판]

- 영문 Koreans of Chicago: The New Entrepreneurial Immigrants[시카고 한인 이민사 수록]

- 『품성 계발』 편저[1995] ·『품성 계발 기초 세미나』 번역[1996] ·『성공의 길』 번역[2003] ·『더 좋은 부모 되기 품성 계발』 편저[1999] ·『비전과4전 략』[2000] ·『부부 회복 여행』[2000] ·『품성 생활 퀵 가이드』[2012]

상훈

- 1986 시카고 시 연례 인간관계 봉사상을 아시아인 최초로 수상

- 1992-1993년판 Who's Who in Religion과 2000년판 Who's Who in the World에 등재

- 2007-국민일보 최우수 캠프 선정

- 2012-국민일보 기독교 교육 브랜드 대상

- 2012-Power Korea CEO News 최우수 교육 기관 선정

- Korea Tribune 글로벌 핵심 리더 대상

품성 교육 소개 차 이수성 총리를 예방한 안주영 박사와 미국 품성
지도자들. 1997년.

이영덕, 정원식 전 총리와 내한한 미국 품성지도자들의 간담회를
진행하는 안주영 박사.

❚ 전북도청 고급공무원 품성 교육 전후의 모습.

❚ 황우여 의원이 안주영 박사의 품성 세미나에서 격려사
를 했다. 2004년.

| 황우여 의원이 미국 품성지도자들을 국회의사당 오찬에 초청했다.

| 박진규 영천시장의 초청으로 시공무원 200여 명 품성 교육 후.

| 전북도청 공무원 300여 명 품성 교육 후 유종근 도지사 와 함께.

| 2011년 11월 총회 교육 개발원 주최 100주년 기념교육심포지움에서 안주영 박사가 품성 교육 발표.

| 2012년 Korea Tribune 글로벌 핵심 리더 대상 수상.

| 세종초등학교 1기 품성수료자.

▌세종초등학교 2기 품성수료자.

▌CBS–TV 〈포커스人〉 출연.

▌품성아카데미 중급 5기 수료자.

| 품성아카데미 중급 과정 7기 수료자.

| 홈스쿨을 하는 어머니들이 아이를 데리고 5일간 40시간
의 품성 교육을 받았다.

| 2010년, 2011년 한양대학교 특강.

| 2010년 한국품성계발원 홈커밍.

| 송전어린이집 교사들이 아기를 안은 채 수료 시험을 치고 있다.

| 아름다운 품성학교 수료식.

┃2011년 여주교도소 1기 품성 수료식.

┃어머니와 아이가 함께 품성 훈련.

┃품성아카데미 중급 10기 수료식.

| 2014년 서울강서교육지청 품성 교육.

| 2015년 안산시 지역아동센터 교사 품성 교육.

| 횃불트리니티 CEO 과정 품성 특강.

| 할렐루야교회 평신도신학원 품성 강의.

| 당진 꿈의 학원 교사 품성 교육.

| 유치원 교사 품성 교육 시범.

┃ 한동대학교 상담자 품성 워크숍.

┃ 총신대 유아교사 품성 세미나.

┃ 횃불트리니티대학원대학교는 한국에서 최초로 품성 과목 영어을 개설해 안주영 박사가 강의했다.

| CBMC 품성스쿨 지도자 부부.

| 동탄감리교회 어머니들 품성세미나

| 국민일보 선정 최고의 캠프: 육체 훈련을 통한 품성 계발
은 효과적이다.

| 2009년 품성캠프 브로슈어

| 소망교도소 감사장.　　| 영천시장 감사장.　　| 전북도지사 감사장.

국민일보가 기독교교육의 방향을 제시하기 위해 공모한 제1회 기독교교육브랜드대상의 시상식이 28일 본사 코스모스홀에서 열렸다. 수상자로 선정된 18곳의 교육기관 업체 단체 대표들과 국민일보 김성기 사장(첫째줄 맨왼쪽), 노량진교회 림인식 원로목사(첫째줄 왼쪽에서 두번째).
신동수 인턴기자

기독교 교육 브랜드 대상 수상 기관

기 관	부 문	브랜드
과천약수교회	쉐마교육	쉐마학당연구원
광주향기교회	홈스쿨링	마음쿡청스쿨
굿뉴스사관학교	자기주도학습	크리스천명문가교육
글로벌선진학교	국제화교육	글로벌선진학교
기독교대한성결교회총회	총회교육프로그램	BCM
다니엘서원	리더십교육	다니엘리더스스쿨
리디머미니스트리	청소년캠프	뉴스타트캠프
바이블네비게이션	성경통독교육	네비게이션성경세미나
기드온용사회학교	평신도교육	기드온용사회학교

기 관	부 문	브랜드
어린이교육선교회	어린이캠프	꽃동산성령체험캠프
FOC다음세대개발원	진로교육소프트웨어	FOC(Focus On the Calling)
YEB Edu	유초등성경프로그램	어린이영어성경학교 YEB
월간교회건축	교회건축세미나	교회건축지원센터
충신대학교	대학원	총회목회대학원
하베스트국제학교	국제학교	하베스트국제학교
한국대학생성경읽기선교회(UBF)	대학생선교회	한국대학생성경읽기선교회(UBF)
(사)한국미디어선교회	성경동영상교육	바이블아카데미
한국품성계발원	품성계발	한국품성계발원(CDI-Korea)

▌한국품성계발원 기독교 교육 브랜드 대상 수상

**┃ 특허청 (사) 한국품성교육협회
업무 표장 등록증.**

독자사은

본서에 대한 소감이나 제안을 본 협회 카페 게시판에 올려 주시면

선착순 50명에게 지도자용 『품성생활 퀵가이드』를 드립니다.

우편발송을 위해 이름, 주소, 핸드폰, 이메일을 함께 보내 적어 주세요.

[카페: cafe.naver.com/KoreaACE (사) 한국품성교육협회]